都市型现代走廊农业建设集锦

《京承都市型现代农业走廊建设技术集成示范推广》项目成果汇编

王忠义　宇振荣　主编

中国农业大学出版社

北京

图书在版编目 (CIP) 数据

都市型现代走廊农业建设集锦 / 王忠义，宇振荣主编 .
北京：中国农业大学出版社，2011.9
ISBN 978-7-5655-0141-8

Ⅰ . ①都…　Ⅱ . ①王…　②宇…　Ⅲ . ①农业 - 旅游资源 - 经济建设 - 中国
Ⅳ . ① F592.3

中国版本图书馆 CIP 数据核字 (2010) 第 226589 号

书　　名　都市型现代走廊农业建设集锦
作　　者　王忠义　宇振荣　主编

策划编辑　赵中　　责任编辑　李卫峰　郝娇娇
封面设计　郑川　　校　　对　王晓凤　陈　莹
出版发行　中国农业大学出版社
社　　址　北京市海淀区圆明园西路 2 号　　邮政编码　100193
电　　话　发行部　010-62731190，2620　　读者服务部 010-62732336
　　　　　编辑部　010-62732617，2618　　出版部　010-62733440
网　　址　http://www.cau.edu.cn/caup　　e-mail:cbsszs@cau.edu.cn
经　　销　新华书店
印　　刷　涿州市星河印刷有限公司
版　　次　2011 年 9 月第 1 版　2011 年 9 月第 1 次印刷
规　　格　889×1 194　16 开本　6 印张　150 千字
印　　数　1 ～ 2 000
定　　价　48.00 元

项目《京承都市型现代农业走廊建设技术集成示范推广》
(农委20081215)

项目咨询指导专家　郑　渝　尹幼奇　吴建繁　周春江
项目主持人　王树忠
课题主持人　王忠义　宇振荣　李红岭　曾　雄　孙奂明
云　鹏　史文清　殷守仁　杨华莲　贾小红
贺建德　廖　红　金晓华　郑建秋　杨建国
郭喜红
主　编　王忠义　宇振荣
编　委　(按姓氏笔画排列)
王　冲　王忠义　王胜涛　王晨晖　李仁崑
史文清　曲明山　宇振荣　刘　彬　肖　禾
张金良　张晓彤　杨华莲　岳　瑾　武　山
赵景文　郭喜红　曹金娟　曹　华　曹玲玲
曾建波

序　言

发展都市型现代农业是北京市委、市政府贯彻落实中央（2007）1号文件精神的重要举措。为深化落实“221行动计划”，以奥运为契机，2007年中共北京市委、市政府明确提出建设都市型现代农业走廊，彰显都市型现代农业的多功能性，并连续3年（2007—2009年）列入北京市政府新农村建设的重点折子工程。通过高标准规划、高质量建设、高水平管理，沿京承高速路两侧可视范围内打造集生产、生活、生态、展示功能于一体，尽显农业的景观效益、生态效益、经济效益和谐统一的都市型现代农业走廊。

京承高速路工程南起东北四环路望和桥，北至密云古北口镇，全长132.4千米，经过朝阳、昌平、顺义、怀柔、密云 5 个区县的25个乡镇，覆盖了北京市最主要、最具代表性的农业产业带，为建设都市型现代农业走廊提供了良好的条件。按照市委、市政府的要求，在全面推进都市型现代农业走廊建设的同时，围绕京承走廊的去存在的问题和整体规划目标要求，北京市农业技术推广站等相关单位实施了《京承都市型现代农业走廊建设技术集成示范推广工程》。在市科委、市农委和市农业局的领导与支持下，开展了规模粮经特色产业、设施园艺产业、健康特色养殖、农业主题园、多功能农业景观规划和建设技术、观赏性作物、蔬菜品种引进和筛选、生态景观化种植模式、土壤培肥与生态修复、测土施肥、病虫害综合防治等方面的技术研发、技术集成创新和示范应用研究，形成了一批具有广泛推广应用价值的研究成果，对全面推进都市型现代农业走廊建设发挥着重要的理论和实践指导意义。项目对都市型现代农业多功能性进行了系统深入的实践性应用研究。在提升农业生产和经济功能的同时，围绕提高农业生态服务功能，挖掘其景观和文化功能，拓宽其生活休闲功能，强化其技术集成示范功能等方面，开展了技术集成和创新研究，为全面推进都市型现代农业走廊建设提供了强有力的科技支撑。

北京市农业局　总农艺师

2010年6月

前　言

发展都市型现代农业，是北京市委、市政府贯彻落实中央1号文件精神的重要举措，是对北京农业发展规律认识的深化，是推进北京市市社会主义新农村建设的重要任务。为了提升都市型现代农业发展水平和层次，都市型现代农业走廊建设迫切需要加强示范项目间整体的融合，开展京承高速公路都市型现代农业走廊整体景观建设与多功能农业发展关键技术集成，才能充分体现高速公路可视范围内的整体景观效果，发挥都市农业走廊的农业展示、科技示范作用，使都市农业生态功能、生产功能、经济功能、社会功能和文化功能和谐发展。因此在市科委、市农委和市农业局的领导与支持下，北京市农业技术推广站等相关单位承担了《京承都市型现代农业走廊建设技术集成示范推广工程》。其围绕京承走廊的发展方向和整体规划目标要求，重点开展了如下方面技术集成示范研究：

◆现代多功能农业景观规划集成技术示范和标准规范

◆玉米迷宫主题农业公园集成技术试验示范

◆现代农业走廊奥运主题景观种植模式研究和示范

◆蔬菜四季观光采摘主题园集成技术试验示范

◆瓜类观光采摘主题园集成技术试验示范

◆怀柔花园村花卉产业提质增效技术试验示范

◆农林牧耦合景观休闲集成技术试验示范

◆农业主题园休闲、观赏水产新品种引进与示范

◆农业主题园土壤培肥与修复技术试验示范

◆农业主题园测土施肥技术试验示范

◆观赏水培蔬菜展示技术集成与示范

◆农业主题园有机废弃物循环利用技术试验示范

◆芦笋病虫害绿色防治技术试验示范

◆都市型农业生态走廊害虫生物防治技术示范

两年来，围绕都市型现代农业走廊建设的总体要求，在北京市科委、北京市农委、北京市农业局的大力支持下，北京市农业技术推广站整合各类资源，开展了京承都市型现代农业走廊建设技术集成与示范推广项目，取得了显著成效：

项目首次将农业产业发展与生态景观建设相结合，开展了产业—景观一体化发展模式、农业产业文化主题园、观赏性作物品种、单项技术和技术集成研究和示范，研究成果对推进都市型现代农走廊建设具有重要的理论和实践指导意义。

完成“玉米迷宫”主题园、向日葵主题公园、奥运主题景观种植园、蔬菜四季观光采摘主题园、瓜类观光采摘主题园、观赏鱼示范展示园、花卉产业园、鹿业观光园等8类11处农业主题园区的建设和技术集成示范，推广和展示了都市农业新理念、新模式、新品种、新技术。

开展了观赏作物造景技术、蔬菜四季栽培技术、土壤培肥技术、测土施肥技术、水培蔬菜技术、有机废弃物循环利用技术、芦笋病害防治技术，农业产业—景观一体化规划技术等8项技术集成示范，对已有技术进行了集成创新和集中展示。

筛选出甜玉米新品种12个、糯玉米新品种9个、特色杂粮作物品种25个、观赏性作物品种15个、观赏采摘蔬菜品种15个，引进和示范瓜类新品种151个，引进优质金鱼16大类38个品种，培育牧草品种6个，并开展了相关栽培技术体系研究，为拓宽都市型现代农业多功能性提供了基础。

形成了27项技术规程（或规范），申请了7项专利（已获4项授权），形成了都市型现代农业走廊产业和景观一体化建设配套技术体系，实现了技术集成创新，为进一步挖掘农业的景观文化美学价值提供了技术支撑。

项目实施过程中，通过参与式培训、现场指导、集中培训、田间学校和媒体宣传等方法和工具，有效提升了都市型现代农业走廊认识、建设和发展水平，使“走廊”呈现“绿不断线，景不断链，三季有花，四季常绿”和农田“无裸露、无撂荒、无闲置”，创建了优势产量田、优良生态田、优美景观田“田成方、林成网、渠相连、路相通”的田园风光。实现了优良生态、优美景观、优势产量、优质产品，取得了良好经济、生态和社会效益。

为了更加有效地推进都市型现代农业走廊建设和发展，我们以图表的形式编撰出版了《京承都市型现代农业走廊建设技术集成示范推广》成果汇编，以便直观展示研究成果，推动相关研究和示范应用，促进都市型现代农业再登新台阶。因时间仓促，难免有疏漏和欠妥之处，敬请读者批评指正。

编　者

2010.10.25

目　录

一、农业园区建设和示范

共完成8类农业园区的技术集成示范，包括“玉米迷宫”主题园、向日葵主题公园、奥运主题种植景观园、蔬菜四季观光采摘主题园、瓜类观光采摘主题园、观赏鱼示范展示园、花卉产业园、鹿业观光园等共11处。

（一）玉米迷宫主题园

玉米迷宫：就是利用玉米高秆的遮蔽性，种植建造适宜人们旅游观光、休闲度假的“迷宫阵”，游客身在玉米地，走在通道中，犹如在迷宫中行进，充满了探险的意味。

“玉米迷宫”利用农业的特性，与旅游业及拓展训练巧妙结合，创造出赏心悦目、回归自然、休闲度假的优美环境，使市民、青少年体验农业文明，接受农耕教育，进行旅游观赏，将“都市”与“农业”真正融为一体。

1. 京郊玉米迷宫设计方案

密云玉米迷宫　位于溪翁镇金叵罗村，占地500亩，迷宫最长线路为4.2 km，图案为中国地图。游客在游玩、采摘的同时能更好地了解我国的版图，并能根据每个省的介绍，确定自己所处的位置、各省的主要农作物、特产，真正做到寓教于乐。

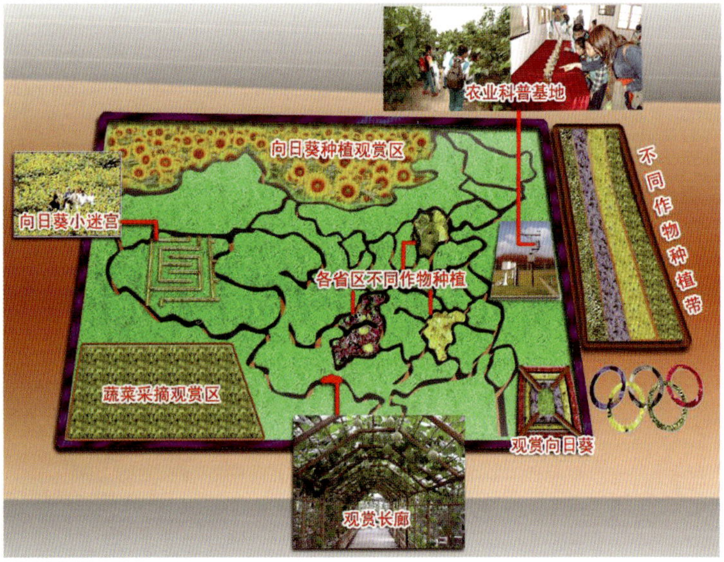

密云“玉米迷宫”农业主题园功能分区

顺义迷宫“中国印——舞动的北京”

顺义的“玉米迷宫”　靠近奥运场馆、奥运大道附近，占地面积120亩，最长线路为3 km。图案为2008北京奥运图标——“京印”。结合周边三高农业示范园、怡生园度假村，建立了农业旅游休闲产业链。

怀柔的“玉米迷宫”　面积50亩。位于怀柔桥梓镇，靠近怀柔水库、宽沟会议中心，与北方最大的牡丹园相邻。用玉米、向日葵等高秆作物间作，设计突出北京奥运“ONE WORLD，ONE DREAM”主题语造型。

怀柔迷宫“ONE WORLD，ONE DREAM”

2. 玉米迷宫的实施

应用国外软件FREEMAZE，将迷宫设计方案在画布中勾勒出行走的路线图，网格画布面积和实际的迷宫面积成正比，使用田间网格定位拉线的方法，利用全站仪、经纬仪和GPS，在田间进行面积、方位和距离测量。

面积小的迷宫

先定位后播种

面积大的迷宫

先播种　苗长到2叶定位拔苗

3. 玉米迷宫的通道

进入“迷宫”，通道一律铺设硬实结构方砖，一是可以解决雨天道路积水泥泞的问题，二是硬实方砖具有漏水、通气特性能保护土质；迷宫内还有一部分通道采用了廊架结构，栽种具有景观特色的植物，既美化通道又增加了观赏内容。

同时还通过相关试验分析路面铺设材料（遮阳网、无纺布、PVC地毯、方砖、草苫子等）对通道土壤的影响，结合游客问卷调查，明确了最适合的铺设路面的材料是遮阳网。

迷宫通道硬实效果图

4. 玉米迷宫的景观时序性

"玉米迷宫"的建设将玉米从作物的单一品类中解放出来，通过对园区内的土地整治、植物配置、地块绿化等措施，改善植物公园的整体景观审美质量，并充分利用京郊的乡野气息和生态餐饮，为游客提供风味别致、舒适愉悦的生态养生休闲产品。

通过综合考虑作物的生长期、开花期、收获采摘期以及高化和矮化配置等因素，在玉米迷宫周边设计了4个迷你迷宫。

南瓜迷宫位于整个园区的西南侧，紧邻主入口，同为迷宫园区内的品牌迷宫之一，是较有农业特色的一个游览区域，为游人进入玉米迷宫前的过渡区和科普宣传区。该种植区因地就势，根据主题玉米迷宫外围轮廓和环路布置，其形状为不规则条带状种植，具有整体感、规整感，在内部由于种植品种的差异和部分横向园路的设置而具有一定的迷宫体验。在该区设置1m高的南瓜架，可以展示不同的品种。

向日葵迷宫位于整个园区的西北侧，接近主入口和次入口，是游人进入玉米迷宫前的过渡区，同时也丰富了园区内的迷宫类型，可以让游人感受不同的景观类型。种植区为矩形围合的双X形品种展示区。主要种植了16个向日葵品种，包括醉云长、出水芙蓉、乐翻天、三阳开泰、慕天子、宝石红芳、金拥碧翠、绿波仙子、金色08、赤日红焰、满天星、桃之春、墨海金浪、丽日、玫瑰情、好运多。

蔬菜迷宫位于次入口的东北边，占地20亩，迷宫采用多种颜色鲜艳的蔬菜品种组合，一是为了美观，二是为了采摘。迷宫采用了多种观赏采摘蔬菜，有彩色甜椒包括：红水晶、紫晶、情人果、吉祥茄、指天椒、喝彩椒等品种。

花卉迷宫位于整个园区的次入口，紧邻道路。在次入口广场和观景平台两侧设置花卉种植区，种植设计为由3m×2m种植格构成的阶梯状花坛，选用二月兰、波斯菊、黑心菊与野生草等具有乡野情趣又易于管理的野生花卉，花卉与野草相互间隔种植，形成玉米粒的质感。在入口处就形成一个特色景观，突出园区主题。

5. 玉米迷宫的功能拓展

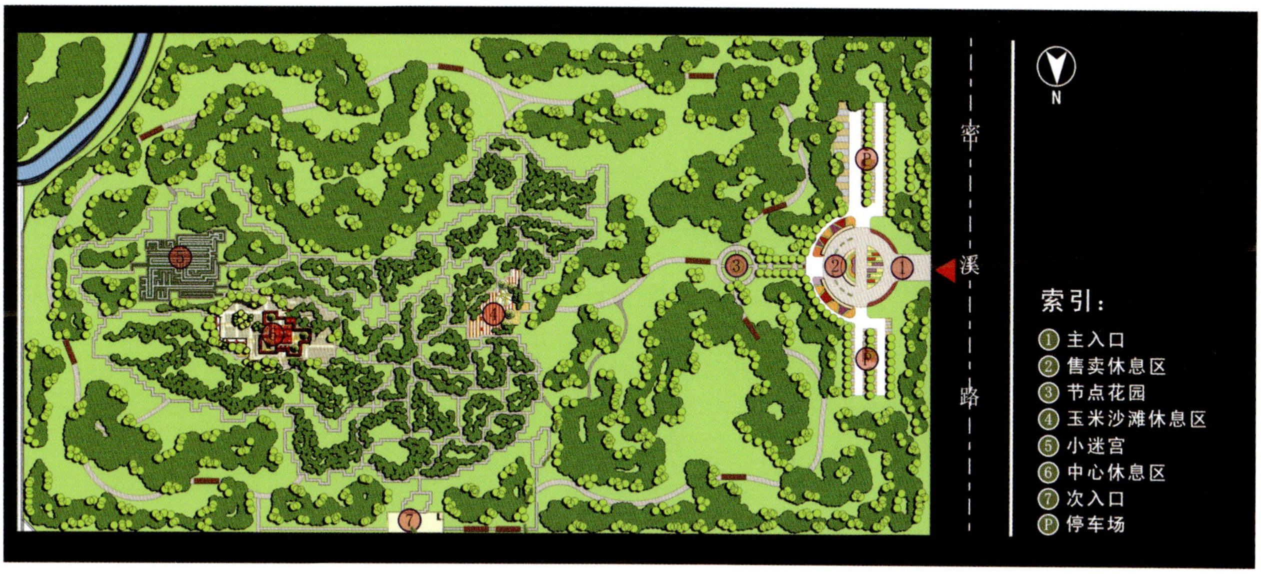

“玉米迷宫”种植区：是该农业主题公园的中心，利用“玉米迷宫”自身的地理地形环境，制造出迷宫娱乐的特殊场所；以迷宫主题游乐项目设计为主线，定位于游客互动参与娱乐区。主要项目：入门景观、售票处、指示系统、旗帜系统、了望塔、售货亭、休闲区、娱乐区、儿童游戏区、服务站、兑奖区、景观小品、休闲设施。

卡通世界

星索桥

索道

农业科普植物造景种植区：在玉米迷宫的辐射外围和相关区域，可行性的种植可用于观赏或采摘为目的的搭配植物或主题作物，也是远期以大地农场的生态旅游带动产业发展的一个形象创建战略。另外，根据园区的餐饮需求，设时蔬采摘园、瓜果大棚，开展采摘等盈利项目，同时作为园区餐饮的绿色食品原料供给基地。主要项目：观赏花卉区、生态采摘区、科普基地（气象站）。

外围旅游区：在玉米迷宫北侧，开拓和设置与之配套的旅游项目和设施；延长旅游产业链，在突出农业主题园区的内涵的同时，适应不同游客群体的需求。

主要项目：根据本区域主要功能定位，围绕玉米迷宫主题，建造特色蔬菜室与连栋温室等设施。设置的旅游设施项目有：餐饮区、烧烤区、土特产区、纪念品区、住宿区、娱乐区等等。

滚轮

智斗区

梅花桩

老北京茶馆

特色餐饮：塑造大食堂品牌和打造特色户外烧烤都是不可或缺的重要环节，还有自给自足的玉米、果品、蔬菜、杂粮等绿色生态食品也是本农场餐饮的一大特色招牌。

旅游购物：供应极具自身特色的旅游纪念品、工艺品、农副土特产品以及大地农场自产的玉米、果品、蔬菜、花卉等加工制品。

旅游购物

民俗展示

6. 玉米迷宫的社会效应

“玉米迷宫”吸引了全国各地游人前来游玩。电视台、网络、报社、电台等多家媒体都进行了广泛的宣传报道。通过该项目的实施，提高了市民和农民对都市型现代农业的认识。

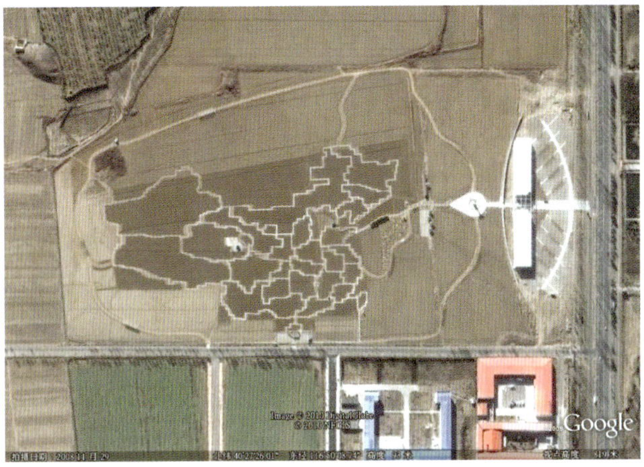

通过Google Earth，玉米迷宫清晰可见，甚至连“青海湖”都一览无遗。

京华时报

2007年7月31日 星期二 E-mail:xf@jinghua.cn

京华时报 BEIJING TIMES

北京首个玉米迷宫亮相密云

本报讯（实习生陈雅琴）7月28日，北京首个玉米迷宫种植园在密云县溪翁庄镇金叵罗村正式对游人开放。现场还举行了户外涂鸦展示，及“超级大胃王”吃玉米比赛等趣味活动。

据密云县农委负责人介绍，密云金叵罗迷宫种植园是目前北京首个也是面积最大的农业植物迷宫，是北京市农业局以迎奥运为主题，在密云、顺义、怀柔等京城都市型现代农业走廊建设重点区县尝试迷宫种植计划的一部分。“植物迷宫”是利用玉米秸秆等农作物种植的“迷宫阵”，是一种适宜人们旅游观光、休闲度假的新场所，同时提供相关农副产品的销售、农作物采摘等多项服务。与农作物生产相比，“植物迷宫”将为种植者产生超过20倍的直接收益。

该玉米迷宫种植园为中国地图样式，面积达270亩，迷宫内种植适宜采摘的鲜食玉米和西红柿、五彩椒等蔬菜品种。人们在游玩、采摘的同时可了解中国的地形和各省市主要农作物等知识。特别支持单位埃及驻华大使馆旅游处在迷宫内设置了“埃及风情区”，游客在畅游迷宫的同时便可以领略来自埃及的雕塑、精美的手工艺品等。

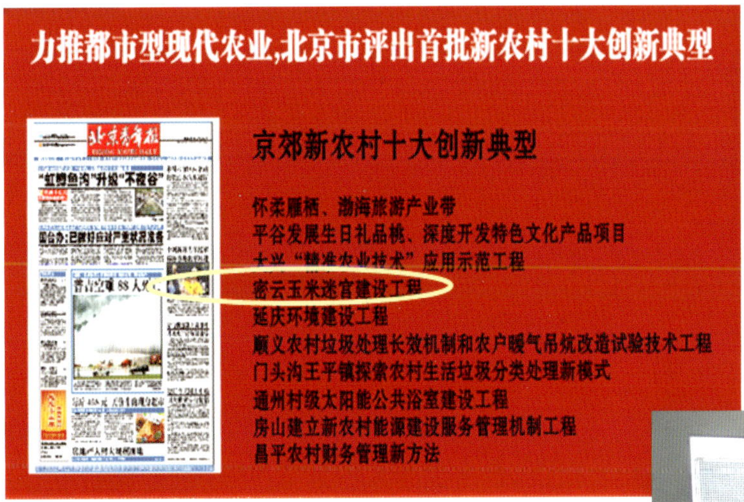

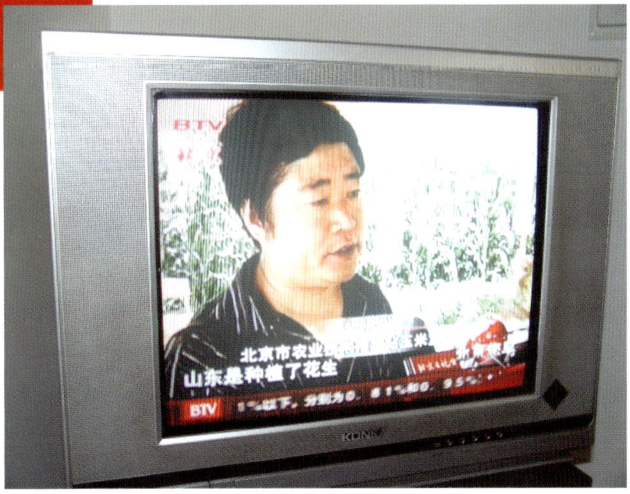

初步形成了以玉米迷宫为主题的生产、休闲观光、景观和教育等旅游产业链开发的整体规范办法。

（二）向日葵主题公园

2008-2009年由北京市农业技术推广站和房山区农业科学研究所在107国道边（窦店－琉璃河段）联合打造了京城首个 “向日葵主题公园”，突出奥运、国庆两个主题，以向日葵为主，辅以杂粮、蔬菜及花卉种植形成了五彩缤纷的植物色带，为市民提供了一个休闲和亲近大自然的好去处。

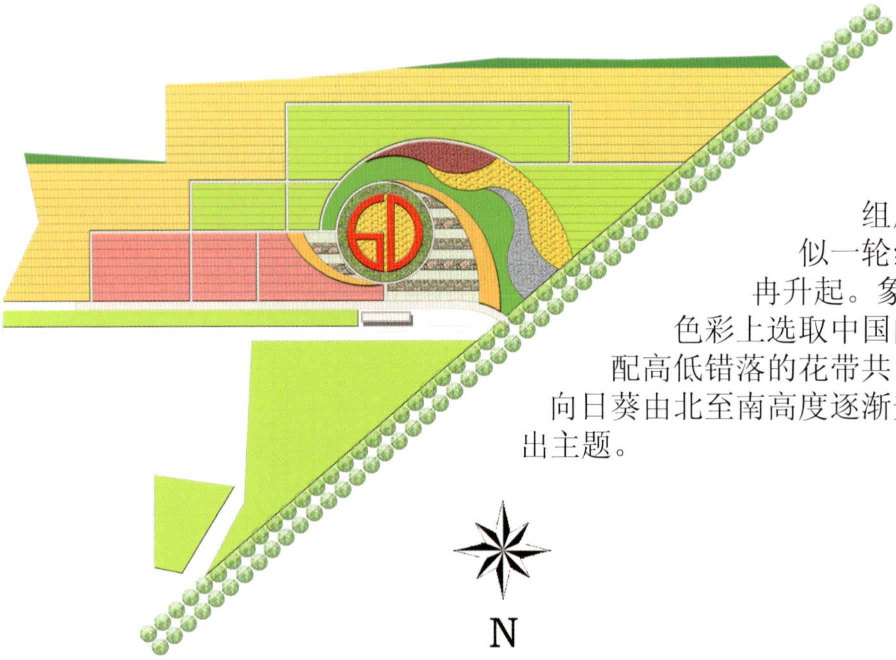

本方案将数字“六十”组成一个复古图案的圆，它似一轮红日，在花带的衬托下冉冉升起。象征红日的圆直径45m，在色彩上选取中国的传统色——红与黄，搭配高低错落的花带共同组成一幅严整的图案。向日葵由北至南高度逐渐升高，向内围合，更烘托出主题。

在向日葵主题公园的带动下，2009年良乡、长阳和大安山联手打造“葵花小镇”，种植向日葵面积1 500 余亩，示范推广作用显著。

方案的核心是09（60），即2009年是新中国成立60周年

从5月份开始便可观赏金灿灿的油菜花，7—8月份又有姹紫嫣红的向阳花、澄黄的黄帝菊。暑期正值向日葵的花期，向日葵争相开放，多彩艳丽的葵花永远望着太阳的热度和光芒，至死不渝，更能体现现代人们的生活蒸蒸日上。

金黄色的浪漫

金黄色的吸引力

向日葵主题公园吸引数十家媒体和众多的摄影爱好者前来，取得了良好的社会效益。

（四）蔬菜四季观光采摘主题园

蔬菜四季观光采摘主题园位于昌平区京承园种植合作社。主题园区面积20亩，分为观光区和采摘区；规划形成了循环式观光线路，使游人在观光过程中步移景新、不走回头路；采用蔬菜树式栽培、无土栽培、盆景造型栽培、嫁接、品种选择、播期调整、花色搭配等栽培技术措施，涉及茄果类、叶菜类、水生蔬菜、药用蔬菜等209个品种，建成了以春意盎然踏青园、姹紫嫣红瓜果园、金秋十月赏菊园、寒冬保健药菜园为主体的“四季主题园”观光区。

茄子造型

荷花影翠

1. 蔬菜四季观光主题园

“春意盎然踏青园”——果菜踏青园、芳香蔬菜踏青园及叶菜踏青园，建成包含奥运五环、奥运单项运动标志、红旗飘飘、吉祥彩虹、月亮弯弯等奥运主题景区和美丽的祖国景区。 应用不同艺术造型及不同色彩搭配突出奥运主题和首都特色。

“姹紫嫣红瓜果园”——突出设施蔬菜现代栽培技术，展现都市农业形象。包括：芳香蔬菜坛、阳台菜园、百瓜飘香、番茄树林、绿色世界等景观。

食用菊花

“金秋十月赏菊园”——延伸蔬菜概念、丰富餐桌文化。使用不同颜色、不同栽培方式的食用菊花品种组合成不同图案，包括有金龙腾飞、五彩缤纷等景观。

“寒冬保健药菜园”——选择板蓝根、藿香、黄芩、叶用枸杞、藤三七等22个药用保健蔬菜品种，采用不同图案，结合盆栽，形成了高低搭配的艺术化栽培的景观效果，同时，运用展板介绍每种菜的特点、保健功能及烹调方法，突出菜药同源，寓保健于美食之中。

2. 蔬菜四季采摘主题园

采摘区应用番茄、彩色甜椒长季节栽培技术，建立了樱桃番茄、彩色甜椒、水果黄瓜采摘园；以盆景蔬菜造型等技术建立了药用蔬菜采摘园。通过技术辐射，形成外围采摘园167亩。

采摘品种　多种多样

红色黄秋葵

彩色甜椒

山药

生姜

药用蔬菜

盆景蔬菜　　千姿百态

喝彩椒

3. 蔬菜四季观光采摘主题园

在打造蔬菜景观的同时，利用展板、音响等形式，形成了以二十四节气的季节变化及物候特征、蔬菜科技知识（有机蔬菜、绿色蔬菜、无公害蔬菜）等为核心的文化创意，提升了观光采摘园区的品味。

蔬菜小常识

节气与物候

构建成了一年四季“有景可赏、有色可观、有园可游、有鲜可尝、有物可采、有知可学、有技可用”的蔬菜四季观光采摘园。

（五）瓜类观光采摘主题园

怀柔区杨宋镇花园村瓜类主题园包括瓜类景观园和采摘园两部分。示范区引进并展示各类品种136个，包括异形品种（如巨形南瓜、香炉瓜、蛇瓜、天鹅、鹤首、皇冠、白蛋等）、多彩品种（如迷彩南瓜、红皮甜瓜）、奇味品种（如酸味甜瓜、冰淇淋西瓜）、稀特品种（如斩瓜、打瓜、野生西瓜）品种等。

观赏南瓜

橙肉小西瓜

蛇瓜

香炉南瓜

五角茄

哈密瓜

1. 瓜类观光主题园

建成瓜类作物树式景观28个、组合造型17个、盆景1 200盆。

(1) 树式栽培：集成设施、环境、生物、营养和信息等最新技术，最大限度满足瓜类作物生长发育的需求，发挥瓜类作物的生长潜力，达到了树式栽培效果。

(2) 长廊式栽培：引进景观设计理念，以竹艺工艺建成观赏长廊，将景观艺术与现代园艺技术有机结合，达到物美、意美、境美的境界。

(3) 盆栽：单独造型或组合造型，与工艺技术结合形成作物盆景。

天鹅下蛋造型组合

(4) 槽式栽培

2. 瓜类采摘主题园

包括景观温室4个；西甜瓜采摘温室14个，种植瓜类新品种136个。组合了树式、盆式、槽式等栽培方式进行创意设计，构筑景观45个。

瓜类景观温室

立体采摘栽培

创意景观吸游人驻足观赏

(六)观赏水产新品种示范展示园

1. 名优观赏鱼品种展示

在缤纷四季园林有限公司、北小河公园和顺义顺丽鑫园林有限公司建立观赏鱼文化展示区3个。在顺义顺丽鑫园林有限公司建立鳄鱼观光展示区1个，在北京市水产技术推广站小务基地建立养殖示范区1个，综合展示出了节水、生态、高效的北京新型渔业。

观赏鱼文化展示厅

鱼盆展示

锦鲤展示区

北小河公园放流展示

2. 观赏鳄鱼展示区

顺义区高丽营乡七村的顺丽鑫垂钓园内建设1个观赏鳄鱼展示区，改造现有池塘，与园林景观建设相结合，引进观赏鳄鱼150条，建设了1个集生态、节水和高效渔业于一体的示范点。

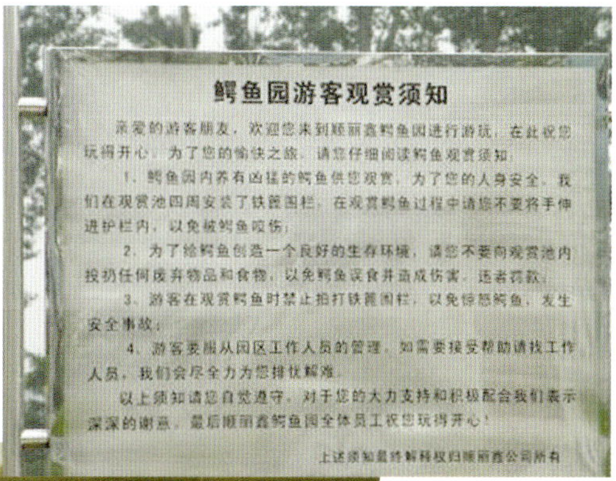

夏季池塘展示

冬季温室展示

（七）四季花园产业园

在怀柔区花园村建设了“四季花园产业园”，并通过试验筛选品种、进行花卉技术研究，形成了技术集成示范，推广和展示了中高档切花、盆花、草花和功能型花卉的新品种、新技术，具有重要的示范推广价值。

羽状鸡冠

四季海棠

引进的高档盆花

引进和种植草花新品种。引进吸毒草、瑞典常春藤、三叶吊竹梅和网纹草4个品种共计4 800株，取得了良好的示范效果。

引进中高档盆花品种。进行设施改造，发展香草、吸毒草、红掌、朱顶红、非洲凤仙和四季海棠等中高档花卉的示范种植。

百合

（八）鹿业观光示范园

在怀柔区杨宋镇安乐庄建立了我市第一个鹿业观光示范园——北京鹿世界主题园，集茸鹿生产、绿色产品加工、鹿茸采摘、鹿肉评鉴、鹿工艺品展示等功能为一体，探索出一个新的农林牧耦合生产模式，在畜牧生产环节注入观光休闲、生态循环与文化展示理念，促进产业融合和结构调整，为市民提供了鹿业文化的产品，提高生产效益。

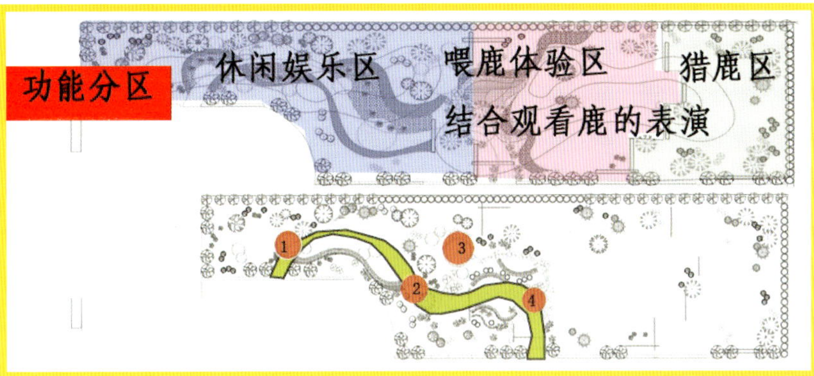

1. 小型休息空间，以鹿的雕塑为主要展示，利用和鹿相关的故事题材表现雕塑主题，活跃静态空间
2. 过渡空间，放置小型雕塑，树池座椅
3. 观看猎鹿等活动的场所
4. 喂鹿体验过渡空间

鹿文化主题园的建设

鹿产品与鹿文化展示；

集中驯化梅花鹿幼仔，获得成功；

茸鹿的生茸和增茸控制技术（控光生茸技术），达到四季生茸的效果。

新建休闲草地与雕塑

二、产业发展关键技术集成示范

开展了9项关键技术集成示范，包括都市型现代农业走廊规划示范、观赏作物造景示范、蔬菜四季栽培采摘技术集成示范、土壤培肥示范、测土施肥技术示范、水培蔬菜示范、有机废弃物循环利用示范、芦笋病害防治示范以及害虫生物防治技术示范。

(一)农业走廊景观规划技术集成示范

由北京市农业技术推广站组织，中国农业大学、清华大学设计院、农业部规划设计院、北林地景公司等多家单位共同完成了“京承都市型现代农业走廊整体规划”设计方案。

该规划紧扣建设京承都市型现代农业走廊的目标、意义和要求：追求可视效果，突出节点项目，打造高标准、高质量的农田生态景观；按照不同生态圈特色打造优势产业，引领示范突出区域特色。主要有以下几方面成果：

数字化公众参与式产业/景观规划示范

基于参与式方法的公众对景观的偏好研究

都市农业走廊景观规划技术集成应用

都市型现代农业走廊建设标准

农业/农村景观数字化分类和评价

开展了可视化不同方案的评价

提出了都市农业田园景观建设标准和技术规程

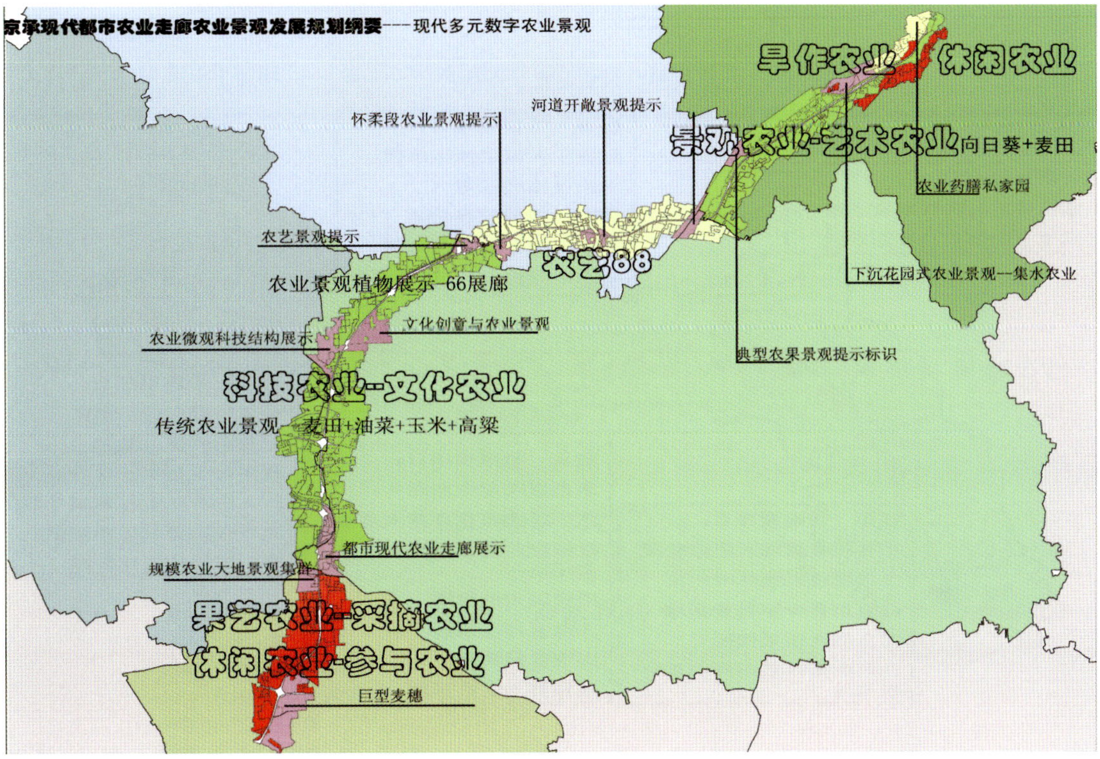

3. 都市农业走廊景观规划技术集成应用

在对京承路各区县分段和整体都市型现代农业走廊规划过程中，提出了京承都市型现代农业走廊发展战略：以“产业/景观一体化”发展为目标，修复退化生态环境和受损景观，建立优美田园景观、发展大田规模粮经产业、提升设施园艺产业、创新农业主题文化园、推进沟域经济，将京承农业走廊建设成为北京都市型现代农业模式及技术示范和展示走廊、科技长廊、景观生态文化走廊。

种植特色作物、建设田园景观、发展特色经济

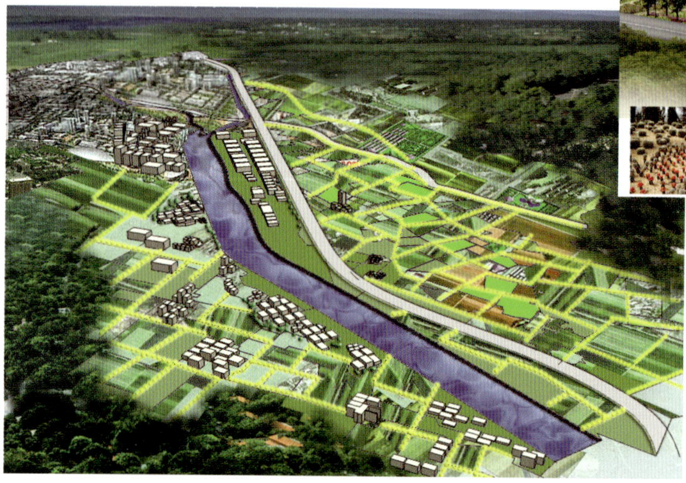

新兴农村高速公路对面景观提升：多样化乡土植物群落建设

废弃和裸露地表景观提升

道路一侧种植连翘、紫玉兰等植物，其观赏主要在于春季，缺乏其他季相的变化，建议以城墙为背景，丰富群落景观，补植天目琼花、油松、红叶李、玉簪，斜披上可补植鼠尾草、佛甲草、翠菊、千屈菜、蓝荆芥，野菊等地被植物，丰富四季景观及花色的变化。

栅栏和护坡设计

园区边围铁栅栏可以攀援爬山虎、金银花、蔷薇等攀援植被，也可栽植植被将其遮挡，坡度较大处加设护坡。

4. 都市型现代农业走廊建设标准

基于以上都市型现代农业走廊规划示范研究，提出《都市型现代农业走廊景观建设标准》，包括田园环境、设施农业、林果业、农业观光园区、粮经产业、生态养殖场等不同农业景观的建设标准。

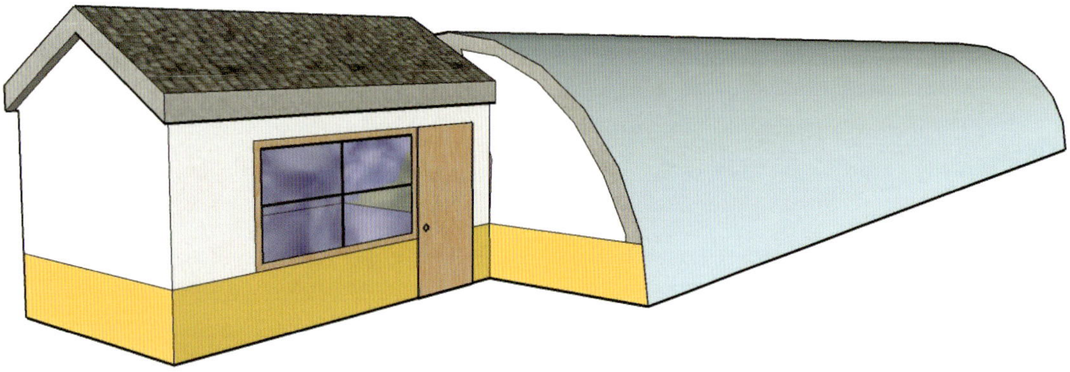

大棚旁的颜色采用与大棚颜色相一致的搭配，表现出整体的统一性与协调性。

5. 农业/农村景观数字化分类和评价

开展了小尺度京承高速三期密云东庄村农业-农村景观分类和评价，对农田景观格局、沟路林渠河等廊道景观要素质量进行了评价，取得的农田景观格局大小、道路破损率、林网残缺等数据和参数，应用于《农业基础工程和综合农业开发规划（2009—2012）》，用于计算工程量和各项工程规划。

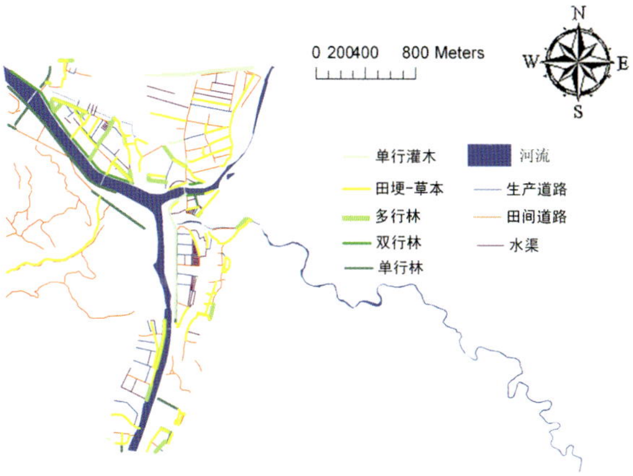

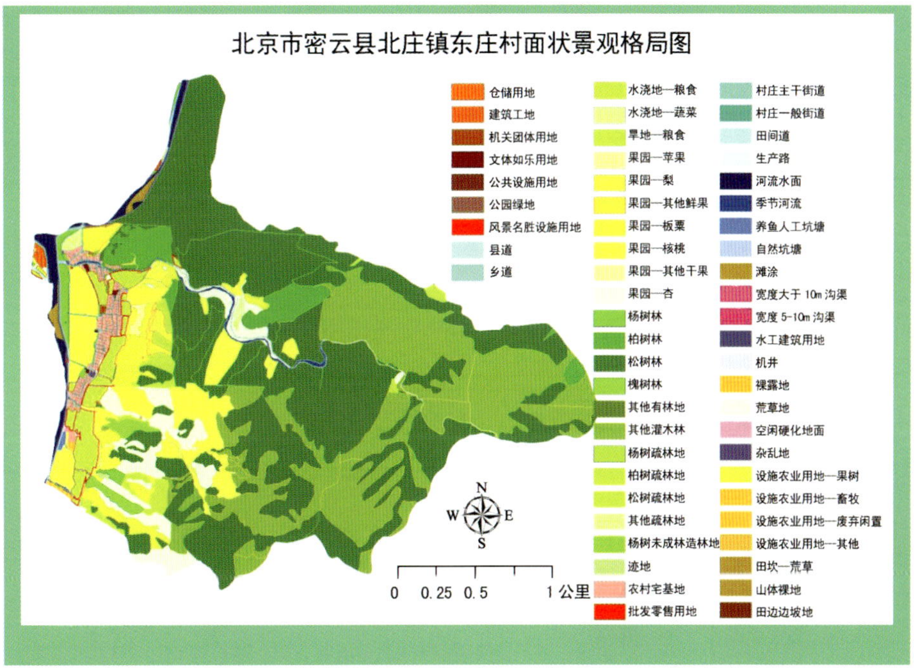

土地利用和土地覆盖类型， 80多种类型

室内准备 → 室外调查 → 数据库建立 → 景观分类与评价

- 室内准备
  - 确定范围
  - 准备遥感图
  - 景观分类
  - 制作底图
- 室外调查
  - 调查区域辨认
  - 统一调查标准
  - 实地测绘
- 数据库建立
  - 图形数字化
  - 数据修正
  - 图形拼接
  - 图形校正
  - 统一数据参数
- 景观分类与评价
  - 整体景观评价
  - 廊道景观评价
  - 景观要素评价
  - 生态景观评价
  - 生产景观评价

6. 开展了可视化不同方案的评价

选取了复杂性、开阔性、一致性、自然性和记忆表征5个具有生态学意义的可视景观指标作为都市农业景观场景可视化的依据。选择京承高速走廊廊道样区，设计了4个场景：原始现状景观、生态保护景观、集约生产景观、旅游休闲景观。开展不同利益相关者评价，大多数人偏好生态涵养方案。

集约生产景观场景

生态涵养场景

旅游休憩景观

7. 提出了都市农业田园景观建设标准和技术规程

基于以上都市型现代农业走廊规划示范和东庄农业景观规划示范，提出《都市农业田园景观建设标准和技术规程》，包括3种类型规模大田、有机果园、设施农业，每种类型包括土地规模化整理、田间道路修复、林网修补和配置、农田整洁和景观提升4项工程。

农田道路建设和生态植被建设

田园景观建设

土地整理、乡土植物农田缓冲带建设

土地修复，道路修复，林下灌木和地被植物种植

1. 日光温室番茄蔬菜树式栽培综合技术

番茄树林　硕果累累

综合技术包括无土栽培技术、栽培容器下座、温室内走道下沉、温室南侧设立走道、温室北墙绿植覆盖技术等。

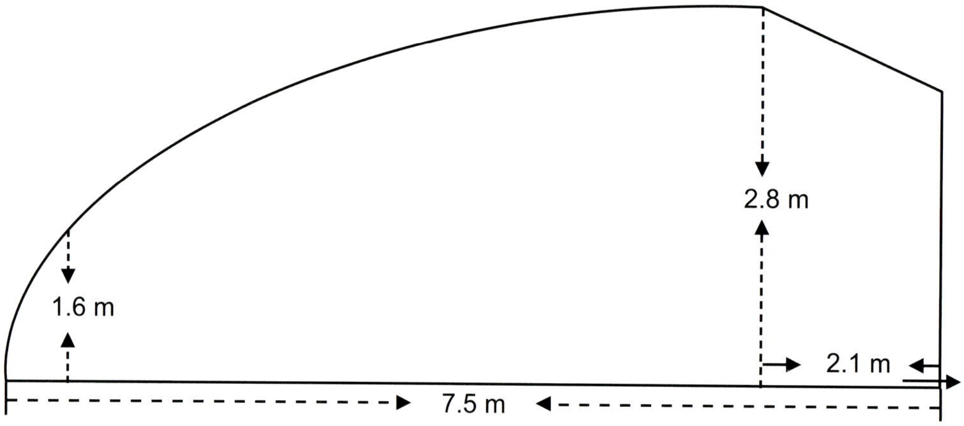

日光温室规格

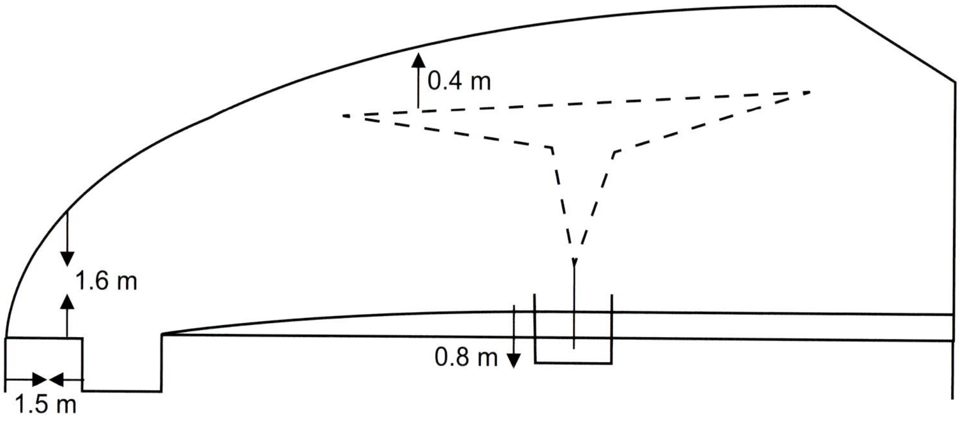

日光温室番茄树式栽培

2. 温室北墙绿植覆盖技术

利用藤三七、木耳菜等耐热、抗病、叶片密集的蔬菜品种，沿温室内北墙种植，覆盖北侧整个墙面，吸热降温。经初步测定，在阳光充足温室外界气温30℃时，同比可降低2～4℃。

3. 樱桃番茄长季节采摘种植模式及配套栽培技术

针对果菜类因夏季高温引起的落花落果，导致结果间歇、果味变淡现象，通过温室北墙植被遮盖吸热降温、外遮阳网覆盖、隔行灌溉降温、人工授粉、单干整枝、高畦双行栽培、高吊线低支架落蔓等技术措施，调整温度、光照、优化温室内的温光环境，延长了采收期和适游期，提高了观赏蔬菜的生产效益。

无限生长，达14穗果，可周年采收

4. 小型栽培池水生蔬菜栽培技术

荷花影翠 江南景色

在温室间，挖不同形状小池，采用棚膜衬底防止漏水、前期遮荫降温、换水等措施促进发芽。保持基质以上15～20 cm的水深。栽培藕、荸荠、茭白、芋头等水生蔬菜，建成了“荷花影翠”水生蔬菜景观区。

5. 栽培床30°角倾斜措施

红旗飘飘

月亮弯弯

奥运单项运动标志

为了便于游客观赏，通过移土，使温室内栽培床“南高北低”，向走道方向倾斜30°，增强平面景观的立体效果。

6. 日光温室蔬菜柱式无土栽培综合技术

利用无土栽培技术形成景观区，通过生菜、紫背天葵、白凤菜、木耳菜、空心菜等蔬菜的柱式栽培，形成了“蔬菜森林”。

7. 阳台蔬菜管式无土栽培设备与技术

利用管式无土栽培技术形成景观区，通过生菜、紫背天葵、白凤菜、木耳菜、空心菜等蔬菜的柱式栽培，形成了“阳台菜园”。

8. 彩色甜椒长季节采摘种植模式及配套栽培技术

针对果菜类因夏季高温引起的落花落果，导致结果间歇、果味变淡现象，通过温室北墙植被遮盖吸热降温、外遮阳网覆盖、温室内隔行灌溉降温、人工授粉、高畦双行栽培、双干整枝、前期促秧、高吊线低支架栽培等技术措施，实现了观光农业生产的安全性、适赏性。

(四)农业主题园土壤培肥与修复技术试验示范

为摸清京承路现代农业生态走廊农田土壤状况，保障走廊农业持续、快速、健康发展，综合走廊土壤类型、种植利用类型和行政区域分布，均匀性采用网格法布点，利用GPS定点采集土样1 160个，化验土壤基础养分9 144项次。

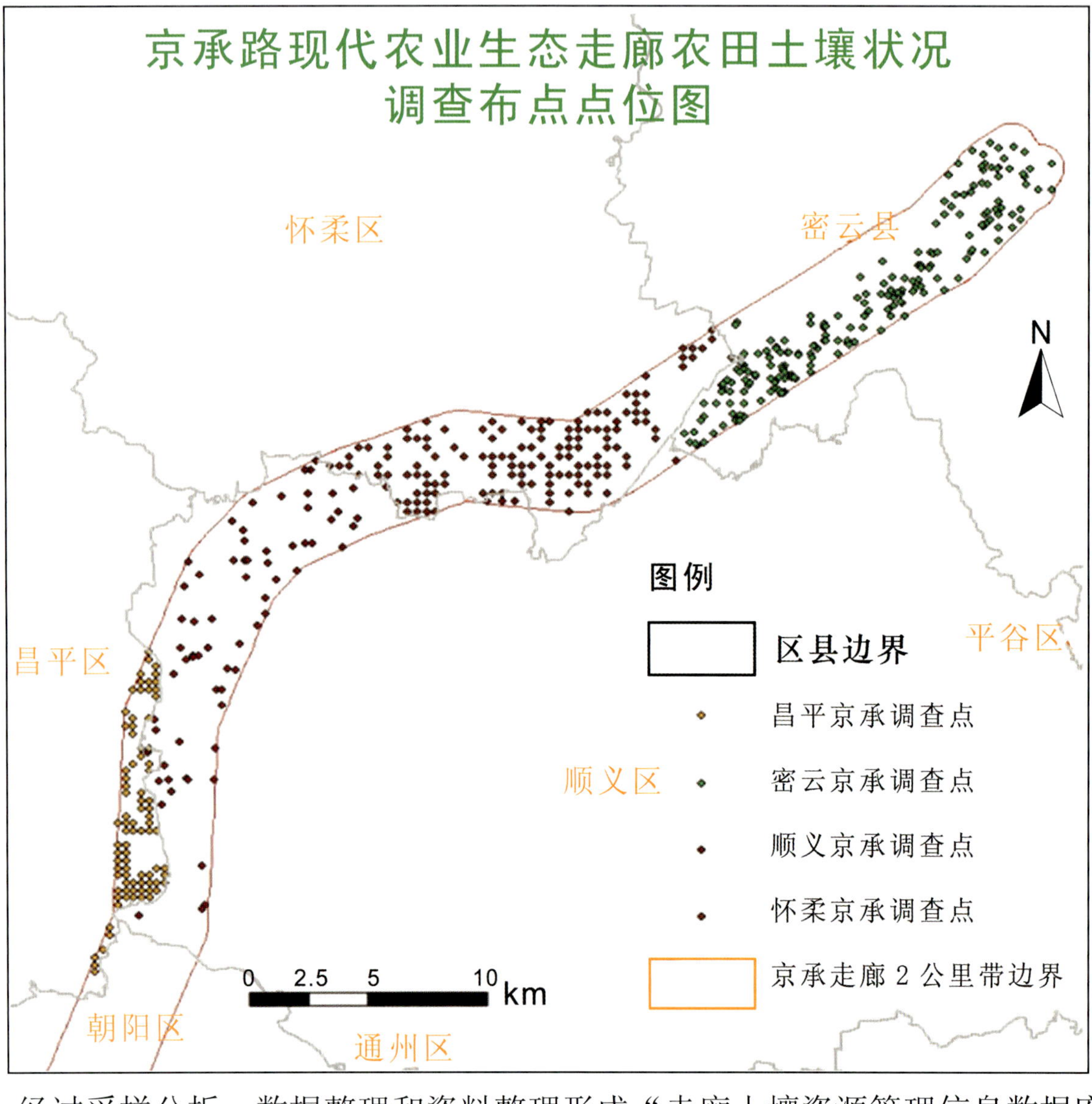

经过采样分析、数据整理和资料整理形成“走廊土壤资源管理信息数据库”。

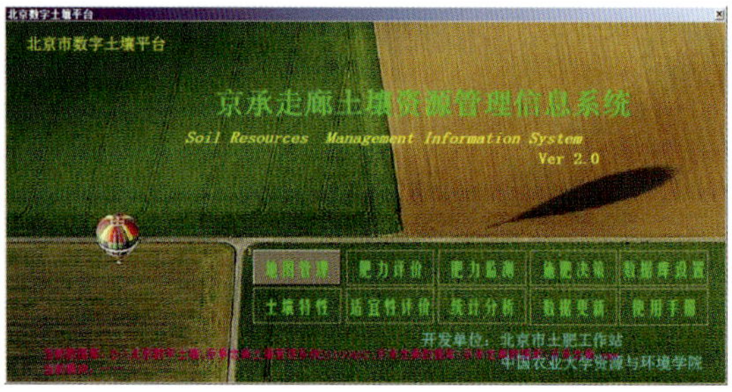

1. 京承走廊土壤质地空间分布

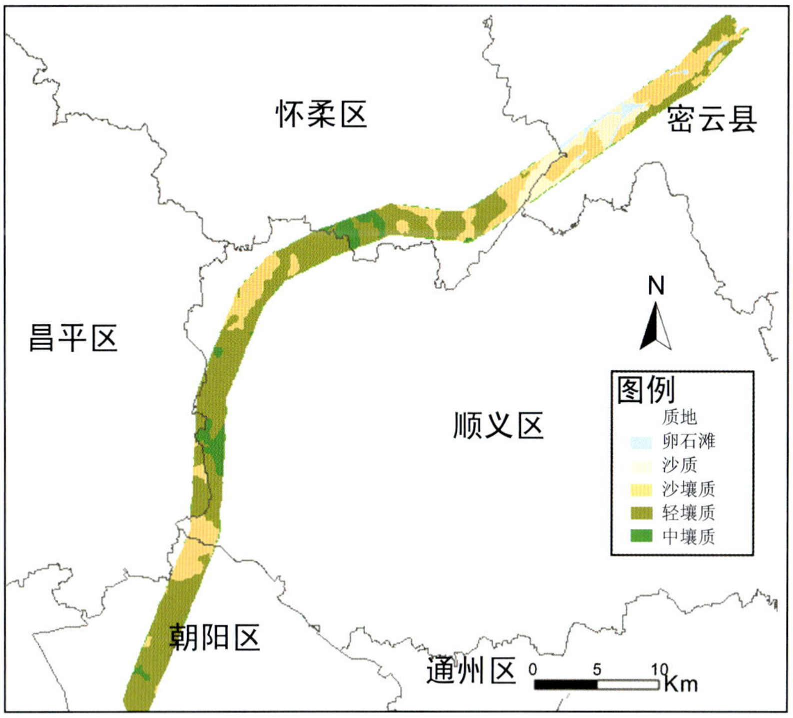

沙性质地的土壤面积约7.6万亩，占总面积的约37.3%。

2. 京承走廊土壤酸碱性

京承走廊土壤酸碱特性表（样本数 n=646个）

酸碱等级	pH范围	样本百分比（%）
强碱性	＞8.5	7.7
较强碱性	8.0～8.5	11.6
碱性	7.5～8.0	27.7
中性	6.5～7.5	49.1
酸性	＜6.5	3.9
总计	——	100.0

土壤碱性较强、不利于特色园艺作物良好生长：

pH＞8.0的强碱性和较强碱性土壤约占到地块的1/5，对农作物特别是特色园艺作物如花卉、南方作物生长较为不利。

3. 京承走廊地力状况

土壤有机质含量较低，基础肥力处于低等水平。

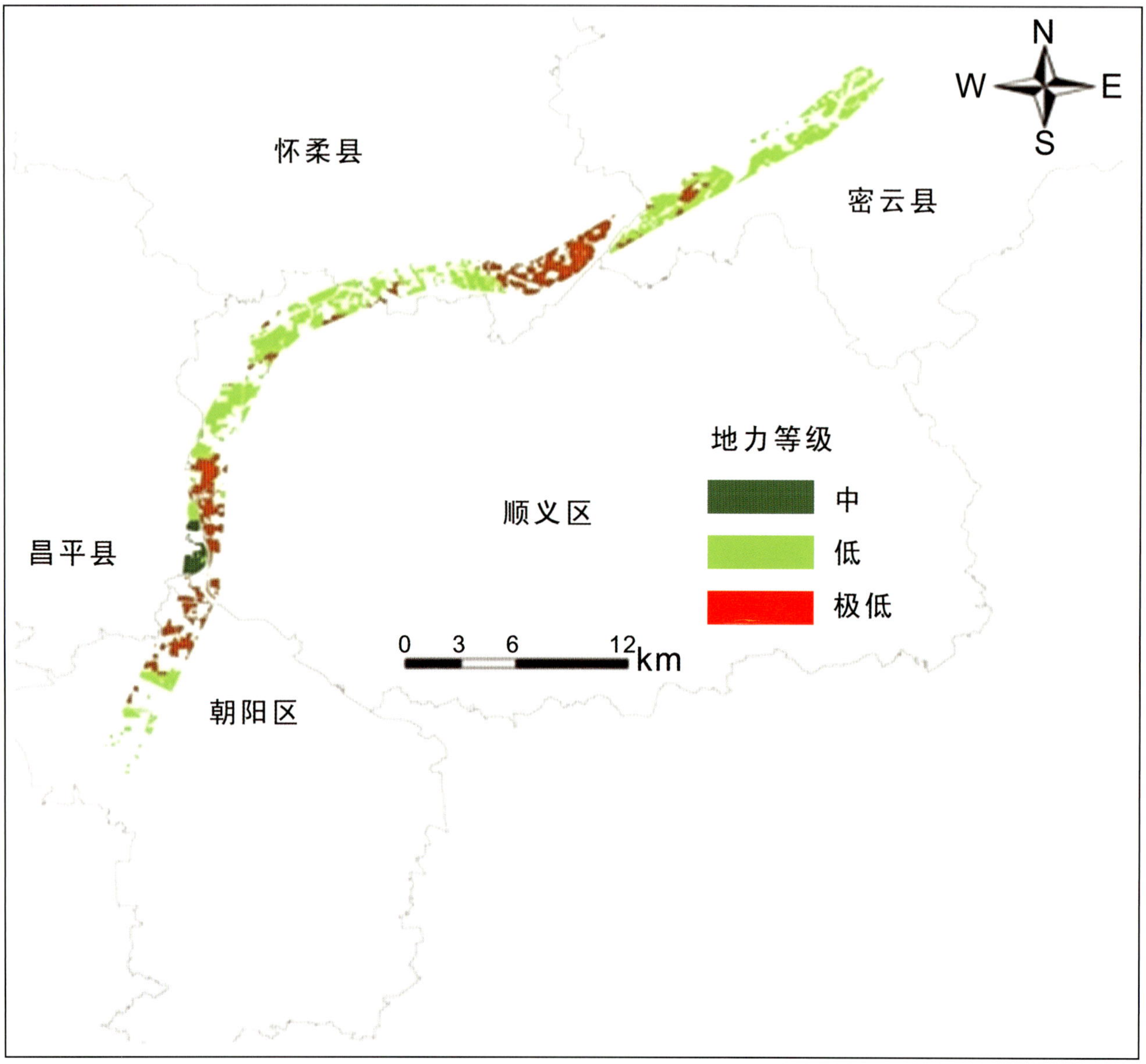

区县	地块分等统计结果					样本数（个）
	极高	高	中	低	极低	
顺义	1	3	86	112		202
密云		1	21	46	33	101
怀柔		3	13	16	4	36
总计（个）	1	7	120	174	37	339
所占百分比（%）	0.3	2.1	35.4	51.3	10.9	100.0

4. 连作障碍土壤修复改良培肥技术试验示范

针对走廊土壤存在的连作障碍、线虫危害；特色种植、土壤偏碱；果园裸露、培肥单一；沙性贫瘠、地力较差的问题，结合传统的化学法，利用抗病品种、轮作、生防菌剂的生物法，以及蒸汽高温消毒、导电消毒法、日光消毒的物理法，并顺应土壤修复改良培肥技术高效低毒、生态循环的发展趋势，创新三合一的设施连作障碍土传病害防治新模式：石灰氮+日光土壤消毒+生物功能菌肥综合防治修复技术。结合育苗根系接种，在石灰氮消毒后底肥施入，可以帮助恢复根系功能菌群、持续提供对抗菌群。

示范监测表明：石灰氮+日光土壤消毒+生物功能菌肥综合防治修复技术，能大幅度降低土壤线虫数量，第一年控制率在70%～80%的水平，大幅度增加茄果蔬菜产量。第二年基本完全控制。

对照长势

菌剂处理长势

对照根系

菌剂修复处理后根系

5. 酸性肥料施用土壤改良技术试验与示范

取得3种土壤培肥专用生物有机肥及高效生物菌剂产品，通过比较向广大农民推荐了9个品牌不同类型的优质培肥改良产品。

研制出一种土壤调酸专用有机肥料配方。在怀柔宽沟火龙果基地、昌平土沟的四季蔬菜主题园以及小汤山特菜大观园南果北种等基地进行了施用技术的试验示范，可以有效降低土壤的pH值、提高果实的维生素C和甜度等品质指标。两年累计推广应用面积600亩，并总结形成技术规程。

通过比对筛选，确定鸡粪和糠醛渣作为最佳用材，获得该种配料的不同酸碱特定配方调配参数。

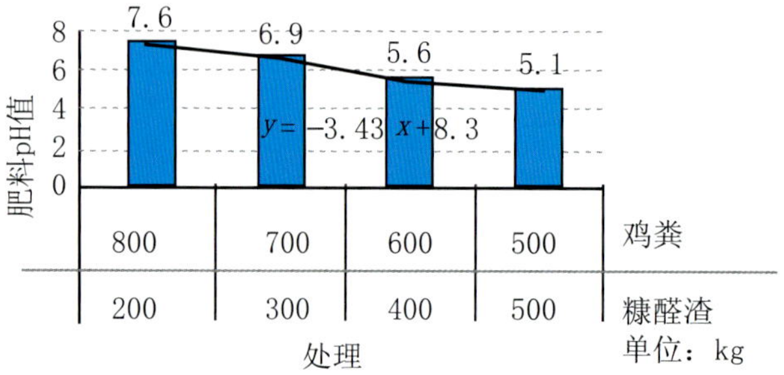

不同pH值酸性有机肥料的配方调配公式pH(肥料) = 8.31-3.44x(糠醛渣/鸡粪比值)r^2 = 0.94***

火龙果基地土壤酸碱调节对品质的影响

处理	土壤pH	维生素C (mg/100 g)	总酸 (%)	固形物 (%)
调酸肥1t/亩 +100 kg腐殖酸/亩	5.75b	1.50a	0.06a	11.5a
调酸肥500kg/亩 +鸡粪500kg/亩	5.82b	1.10b	0.07a	10.0ab
鸡粪1吨/亩	6.35a	1.10b	0.06a	9.0b

调酸与生草覆盖培肥火龙果长势旺盛

6. 果园生物覆盖土壤培肥改良技术示范

在怀柔、密云建立3个生物覆盖培肥示范展示基地，开展了幼龄果园间作覆盖培肥模式、成龄果园林间绿肥生草覆盖培肥模式示范，示范面积共400亩。示范监测数据表明，与清耕对照相比示范处理明显提高了土壤有机质、全氮、有效磷和速效钾等指标。

因地制宜选择：

间套种模式

人工生草模式

自然生草模式

生物覆盖模式

种养结合模式

幼龄果园套种覆盖培肥效果监测

处理	土壤有机质 (g/kg)	全氧 (g/kg)	有效磷 (mg/kg)	速效钾 (mg/kg)
大豆	9.8	0.10	13.5	80.7
花生	9.4	0.09	11.3	77.5
空白对照	8.5	0.08	10.4	75.2

成龄果园生草覆盖培肥效果监测

处理	土壤有机质 (g/kg)	全氧 (g/kg)	有效磷 (mg/kg)	速效钾 (mg/kg)
紫花苜蓿+白三叶	12.3	0.061	12.7	116
白三叶	11.5	0.064	13.5	118
紫花苜蓿	12.8	0.057	10.3	117
自然生草	11.2	0.043	8.7	110
清耕对照	10.4	0.040	9.1	112

耿辛庄果园花生套种

早春二月兰覆盖景观

成龄果园生草与物理性质改善效果监测

处理	亩生物量 (kg)	土壤容重 (g/cm^3)	土壤含水量 (%)
紫花苜蓿+三叶草	787.2	1.45	15.1
白三叶	546.9	1.49	15.5
紫花苜蓿	1 093.8	1.47	13.4
自然生草	240.5	1.56	14.3
清耕对照	—	1.54	14.5

花生套种

1. 测土配方施肥数据库的建立

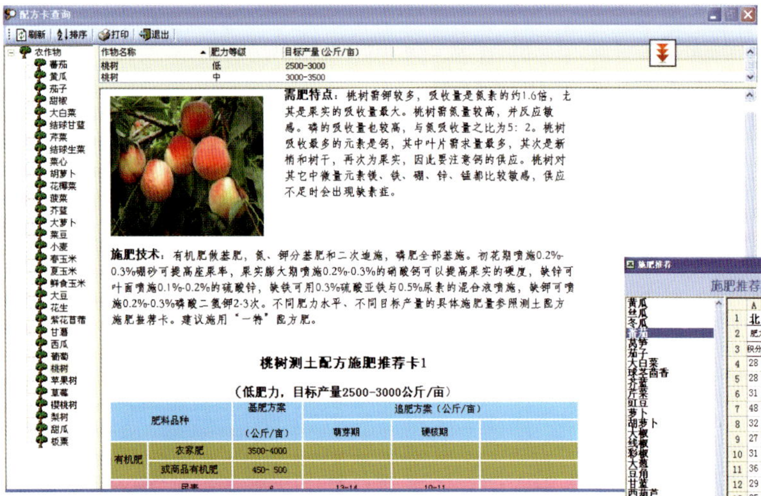

配方卡查询法推荐施肥

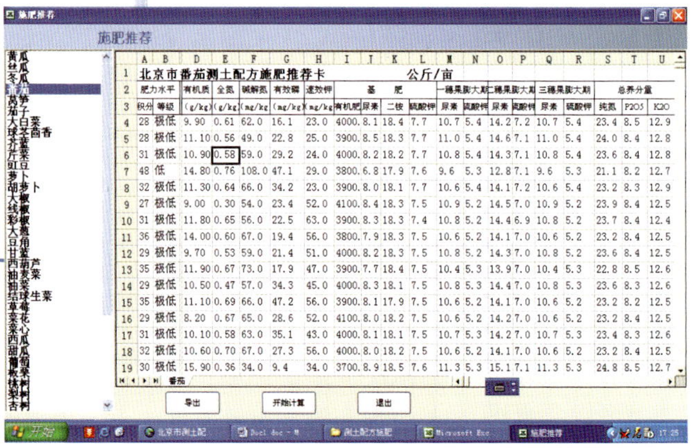

养分丰缺指标法推荐施肥系统

2. 推广新型肥料，更新施肥理念

冬春茬补充棚室内的CO_2，可以提高蔬菜作物光合作用强度，增加干物质积累，进而提高作物产量，共推广350亩，6 880袋。

草莓施用CO_2气肥示范产量结果

	产量(kg/亩)				平均产量(kg/亩)	增产(%)
	Ⅰ	Ⅱ	Ⅲ	Ⅳ		
处理	1 336.0	1 298.4	1 349.2	1 342.8	1 331.6	+14.2
对照	1 175.6	1 179.2	1 137.6	1 170.8	1 165.8	—

番茄施用CO_2气肥示范产量结果

	产量(kg/亩)			平均产量(kg/亩)	增产(%)
	Ⅰ	Ⅱ	Ⅲ		
处理	3 532	3 610	3 658	3 600	+7.46
对照	3 340	3 310	3 400	3 350	—

CO_2肥示范与推广

3. 设施秸秆与畜禽粪便资源化利用技术

开展不同畜禽粪便发酵试验、主要作物秸秆发酵试验，摸清农业废弃物发酵规律，在昌平、密云建立农业废弃物循环利用示范基地30亩。

秸秆循环利用设施

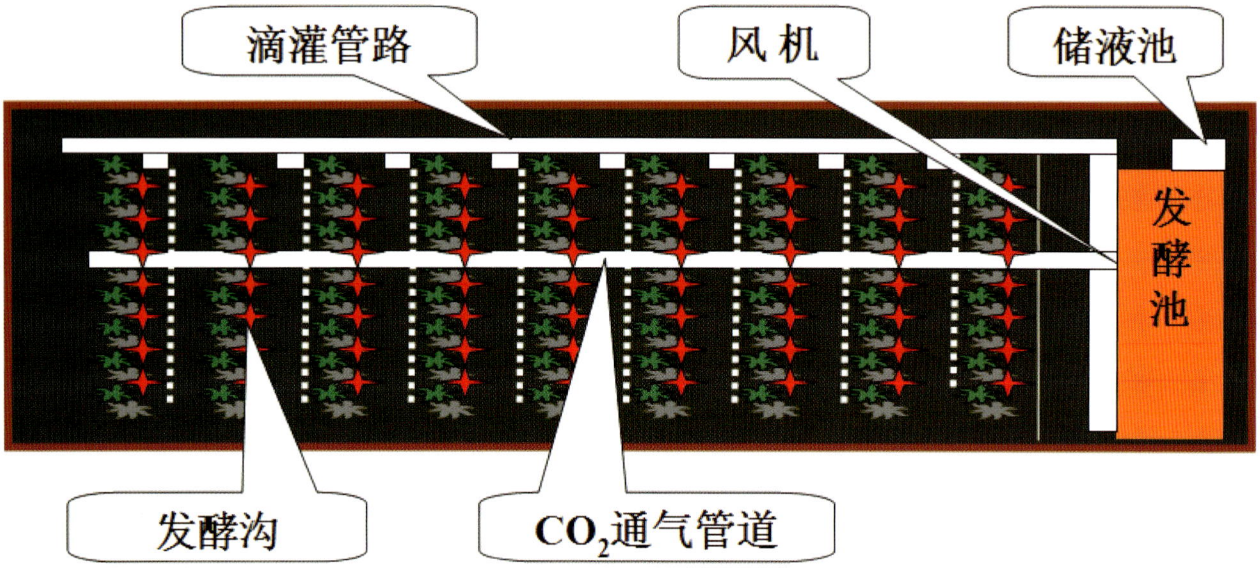

秸秆立体循环技术原理图

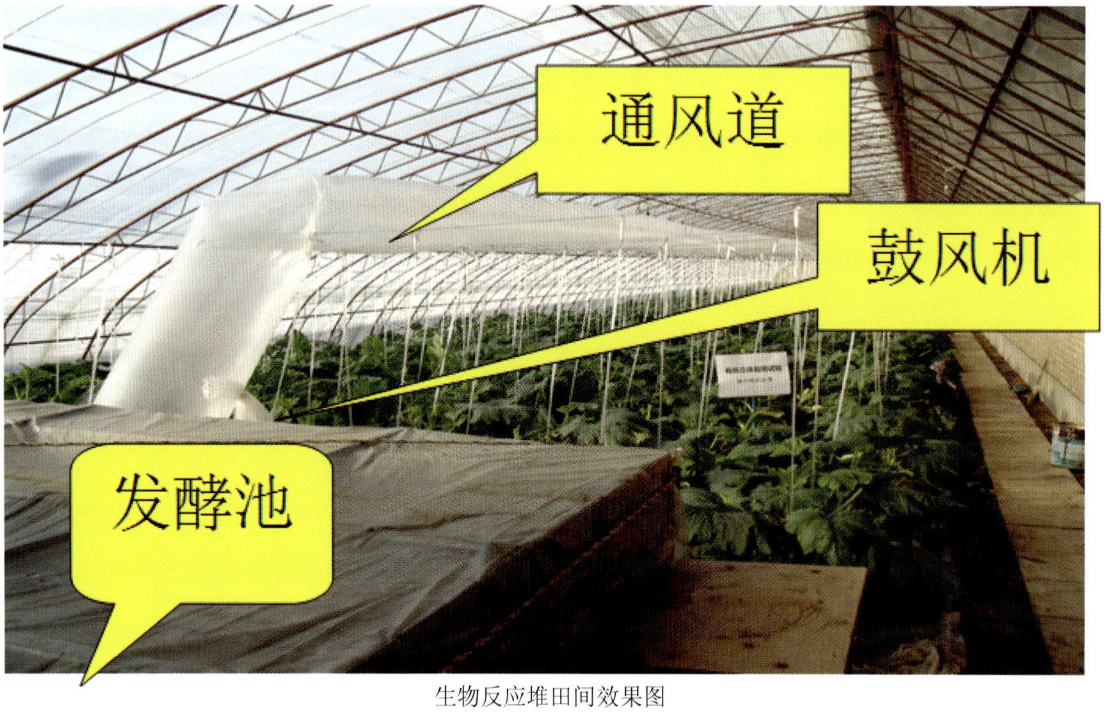

生物反应堆田间效果图

(六)观赏水培蔬菜展示技术集成与示范

在昌平土沟和怀柔花园2个设施园区，开展了适宜水培蔬菜树生长的环境调控，成功展示了水培番茄树、彩椒树、甘薯树、南瓜树共计24棵，以及100 m的管道栽培蔬菜、25 m^2的水培花卉和10套家庭蔬菜管道水培循环系统，提高了园区的知名度，为走廊地区农业主题公园建设增添了观光亮点。

水培彩椒树

水培南瓜树

水培番茄树

水培苦瓜树

观赏性强，可观叶、观果和观根；科普性强，是青少年农业教育素材的典范。

水培甜瓜树

水培黄瓜树

红掌水培技术

采用两段驯化法：断根——促新根，新根——充氧再驯化。

阶段Ⅰ，先将红掌从基质盆内取出，剪掉其全部根系，然后用外源激素浸泡处理；再在高湿环境下进行新根诱发。

阶段Ⅱ，在新生根长出一定长度后，将其取出放入营养液栽培槽中进行充氧驯化。

断根

促新根

充氧再驯化

(七)农业主题园有机废弃物循环利用技术试验示范

在京承农业生态走廊沿线的两个农业主题园区——昌平区小汤山镇土沟村京承碧园和怀柔区杨宋镇花园村四季花卉产业园区建成2座太阳能有机废弃物臭氧无害化处理站。

太阳能臭氧垃圾处理站已建成并投入使用。处理站容积20 m^3，一次可处理5 t废弃物。处理站建成后，园区已将产生的秸秆、茎叶、果实等农业废弃物粉碎后投入处理站内臭氧处理后将无害废弃物翻入地里培肥地力。

为验证臭氧对农业垃圾处理效果，指导园区生产实践，设计研制了室内臭氧处理试验装置。对臭氧发生器产生臭氧情况进行了动态监测，并应用此装置对农业有机废弃物最低臭氧处理时间进行了测定，以及臭氧对主要病原真菌、病原细菌的抑制作用进行了研究。

室内臭氧处理试验装置

经过臭氧装置处理后的农业垃圾不再携带病菌和害虫，可以重新施入地里用作肥料，一定程度上恢复了地力，减少了后茬作物肥料投入。同时由于消灭了病原和虫源，降低了病虫基数，减轻了后茬作物病虫发生程度，减少了农药投入。

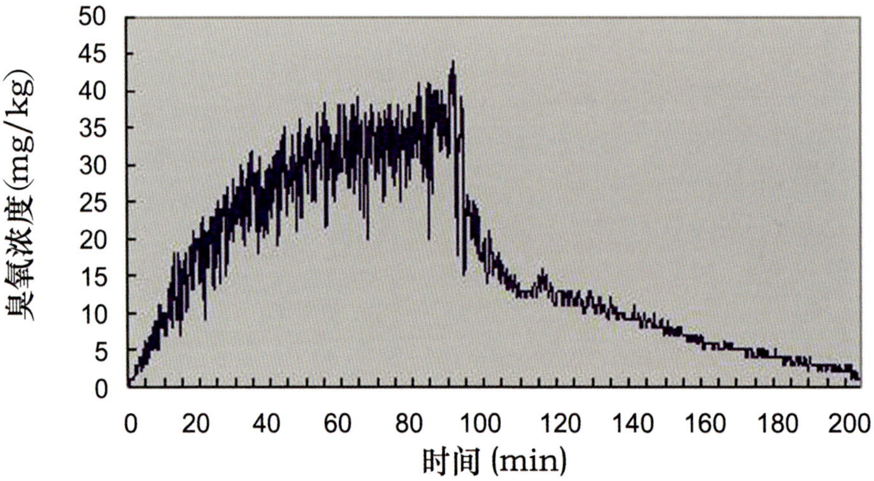

太阳能农业废弃物臭氧处理站内臭氧浓度监测

以番茄灰霉病菌、番茄叶霉病菌为试验菌种，试验结果证实太阳能农业废弃物臭氧处理站在处理废弃物时，垃圾站开启时间最少为2 h，才能完全杀灭病菌。

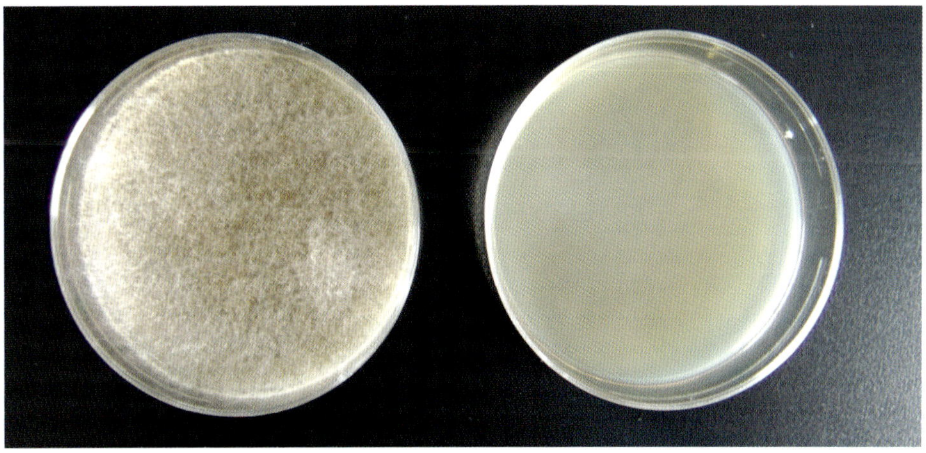

番茄灰霉病菌室内臭氧处理结果

为保证处理效果，可适当延长垃圾站开启时间至3～4 h，并通过喷水使农业废弃物保持湿润状态，处理效果更好。

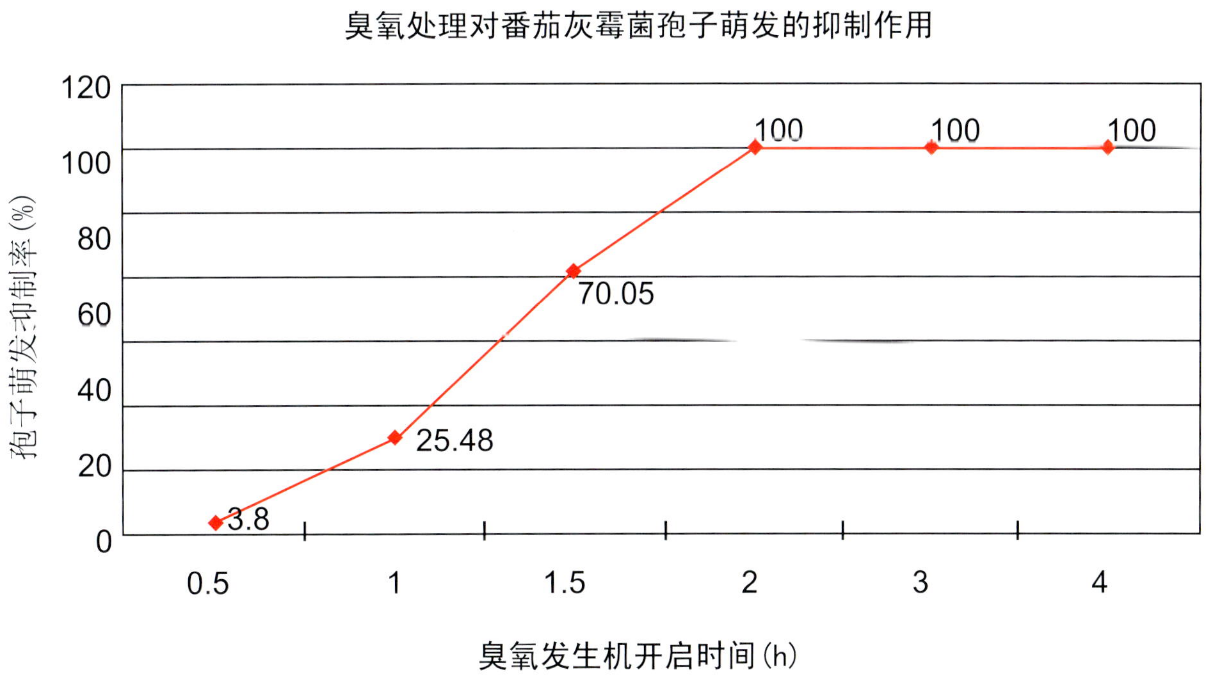

（八）芦笋病虫害绿色防治技术试验示范

芦笋茎枯病一旦发生，常常造成芦笋绝收，被称为芦笋的“癌症”。

十四点负泥虫是为害芦笋的最主要害虫，成虫、幼虫均可为害，严重影响芦笋的产量和质量。

1

在强降雨后，茎枯病发病率急剧上升，降水对病害的促进作用可持续20～30天。而采用大棚种植芦笋几乎没有茎枯病发生。

2

芦笋种植密度越大发病率越高。

3

病菌孢子器和孢子角在适宜的水分、营养物质和氧气条件下，萌发率可高达到96%以上。

用50%多菌灵500倍液浇根际土壤，可杀死土中病菌，保护母茎；成株期，用50%多菌灵500倍液喷施；放叶后，用70%甲基托布津500倍液喷施，至母茎成熟为止。

秋季清园后，春萌发芽前用50%多菌灵500倍液进行全田土壤消毒。

避雨栽培芦笋可以有效控制芦笋茎枯病的发生。

塑料薄膜大棚内种植的芦笋

大棚外种植的芦笋

芦笋病虫害综合防治技术示范

第一，选择抗病力强的F_1代品种，例如：杰西耐特、格兰德等。

第二，及时提供病虫发生信息，指导病虫害防治。做好清园，减少病原菌数量。

第三，避雨季留母茎，减少侵染机会。把留母茎的嫩茎出土期与雨季错开，7、8月份雨季坚持采笋，避免嫩茎感染增加菌源。及时疏枝打杈，改善田间通风条件，提高植株抗病能力。

2009年8月露地示范地芦笋生长情况

第四，地膜覆盖可防止病菌飞溅。在笋田之间建立隔离带，尽量避免大面积连片种植导致病害相互交叉传播。

2009年8月露地芦笋茎枯病发生情况

第五，架杆防倒防田间郁闭,适时中耕除草并及时清除病茎，控制笋田的母茎数量。

第六，控制笋秆伤口。进行田间操作时，尽量减少对茎秆的物理损伤。

第七，重施有机肥并追施磷、钾肥，控制氮肥施用量，保证植株生长健壮。

第八，雨后及时排水，避免田间积水。

第九，化学药剂防治，勤用药，常轮换。

大棚里芦笋长势好

三、品种筛选和相关技术体系

项目筛选出甜玉米新品种12个，糯玉米新品种9个，特色粮经作物品种25个、观赏性作物品种15个、观赏采摘蔬菜品种15个、引进和示范瓜类新品种151个，引进优质金鱼16大类38个品种，培育牧草品种6个，并开展了相关栽培技术体系研究，为拓宽都市型现代农业多功能性提供了基础。

(一)玉米和大豆的品种筛选

迷宫主题园项目实施过程中，引进甜玉米新品种12个，糯玉米新品种9个，引进鲜食大豆10个，筛选出科甜120、京科糯2000、科丰14等适宜品种7个。

玉米品种筛选结果

区县与类别		主要产品
房山	示范	斯达22、中糯2等
	对照	中糯1
顺义	示范	京科糯2000等
	对照	中糯1
怀柔	示范	科甜脆1、科甜120等
	对照	甜单21
密云	示范	科甜脆1、Nd413等
	对照	中糯1、甜单21

大豆品种筛选结果

区组品种	比对照增产（%）	位次	显著水准（5%）	显著水准（1%）	初选品种
科丰14	114.93	1	a	A	√
中黄13	94.72	2	ab	AB	√
京黄1号	85.84	3	bc	BC	√
中作012	70.29	4	bc	BC	√
冀豆12	61.66	5	cd	CD	√
豪彩1号	45.03	6	d	CD	×
龙选1号	0.17	7	e	DE	×
铁丰29	0.00	8	ef	E	×

（二）特色粮经作物的品种筛选

奥运景观种植项目引进特色花生、甘薯、黑豆、谷子、大豆、鲜食大豆、绿豆、小豆、糜子、黍子、高粱等杂粮作物新品种93个，从中初步筛选出农艺性状突出或具有一定特色的品种25个。

花生：普通品种冀花4号及特色品种京黑1号，2个品种。

谷子：密谷2000、金谷2401及其搭配品种建谷2000、昭蒙21等4个普通品种；红谷子、延绿谷6号等6个品种。

甘薯：徐薯23、遗字138。

引进11个油菜品种，筛选出适合京郊种植的天油5、6、8和陇油6、9号等油菜品种5个。

引进25个向日葵品种，筛选出三阳开泰、好运多、红柠檬、绿波仙子、桃之春、天姿和金拥碧翠等适宜观赏的品种。

（三）观赏蔬菜的品种筛选

筛选主要原则：观赏期长，特点突出（特型、特色、特味）

1.蔬菜四季观光采摘园建设品种

（1）茄果类、叶菜类、葱蒜类、瓜类、根菜类、水生蔬菜、叶菜类、薯蓣类蔬菜以及芳香、食用菊花、药用等新兴蔬菜品种209个。

（2）花卉、粮食等品种34个。

2.筛选出一系列适宜观光采摘的蔬菜品种

通过引种试验，筛选出适合观光采摘的“三特”（特型、特色、特味）品种49个，其中：特型 35个、特色 6个、特味 8个。

樱桃番茄等茄果类

盆景蔬菜

药用类

走廊瓜类

(四)瓜类品种筛选技术示范

瓜类观光采摘园项目共引进15种作物24个类型136个瓜类品种，从中筛选出适合京郊农业观光园区树式栽培、盆景栽培、廊架式栽培及瓜果工艺处理栽培的各具特色的各类品种86个。

耐储西瓜

巨人南瓜

南瓜品种　（形状各异、色彩斑斓）

陀螺形

疙瘩

佛手形

迷你黄瓜

钟形

皇冠形

丑小鸭

（五）西甜瓜生产技术示范

示范立架密植高产技术、适时采收技术、甜瓜双行立架种植技术、甜瓜单蔓整枝技术、水肥一体化技术、后期控水技术、病虫害综合防治技术、小型无籽西瓜高产栽培技术等8项技术。

立架密植高产技术

甜瓜双行立架种植技术

小型无籽西瓜

工艺刻字画

（六）花卉品种筛选及技术示范

怀柔花园村引进草花新品种17个，种植150万盆，示范种植50亩。

示范种植瑞典常春藤、绿萝、吸毒草等功能性花卉新品种15个，3 500盆。

引进示范高档切花彩色马蹄莲、朱顶红等300盆，百合种球20 000粒。

引进的功能型花卉

三叶吊竹梅

瑞典常春藤

迷迭香

吸毒草

银心吊兰

马蹄金

彩色马蹄莲

（七）名优观赏鱼品种的引进与技术示范

引进了优质锦鲤亲鱼100组，生产夏花量达到200万尾。共展示宫廷金鱼12大类36个品种，其中包括亲鱼四大类10个品种共3 000余尾。不仅有龙睛类、寿星类、兰寿类、琉金类、蝶尾类、水泡类、狮头类、珍珠类、望天类等常见品种，更有紫兰寿、黑白蝶尾、铁包金高头、皇冠珍珠、和鹤顶红等北方地区少有的高档金鱼品种。

比较

数据测量

繁育

锦鲤培育

（八）牧草品种筛选与鹿驯化和繁育

筛选出紫花苜蓿阿尔冈金等适宜于北京种植的6个耐牧饲草品种，研究了梅花鹿划区轮牧，建植总面积为11.2亩的早熟禾草坪休闲绿地。

形成一套梅花鹿仔鹿驯化技术，人工驯化哺乳成活35只梅花鹿；电刺激采精获得的新鲜茸鹿精液，经流式细胞仪进行XY精子分离，将冷冻保存的Y-精子采用直肠把握人工授精方法，126头梅花鹿性控精液受胎率76.2%，产仔数为96头，产公率达97.9%。

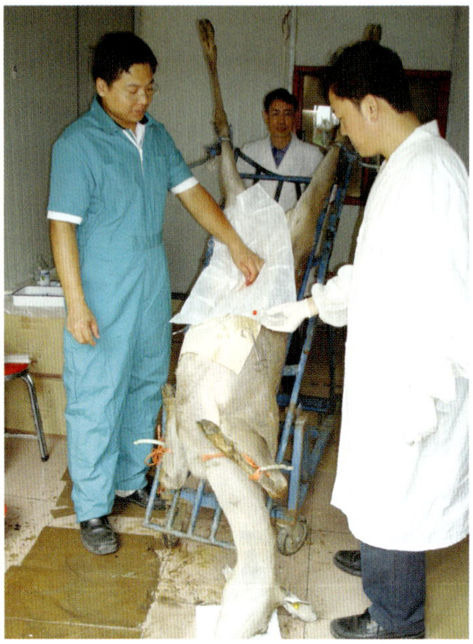

中国畜牧兽医报　综合　2009年12月29日

科技示范项目促进北京养鹿业快速发展

怀柔区14个乡镇2000余头梅花鹿年创产值480万元

京华时报

驯养后小鹿与游人亲密接触

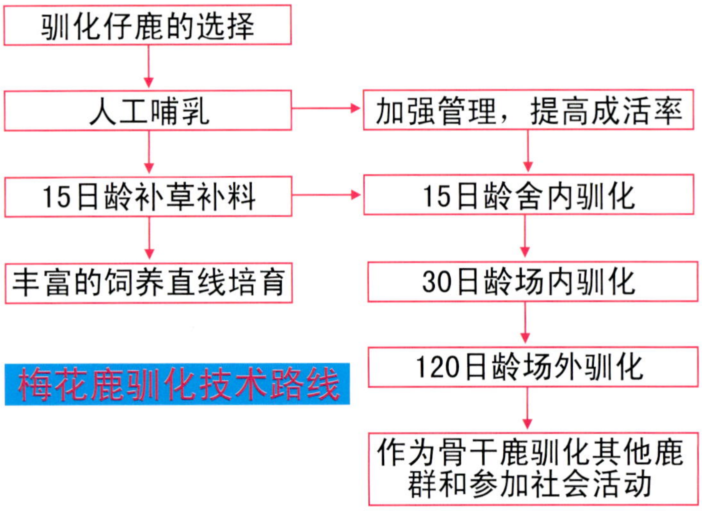

梅花鹿驯化技术路线

耐牧饲草筛选和评价

四、技术培训

项目实施过程中，现场指导、集中培训、田间学校等各类技术培训近600次，参与人员达到2万多人次，举办各类观摩会50多次，并通过网络、电视、报刊等各类媒体进行多种形式宣传，有效提升了都市型现代农业走廊产业和景观建设理念，取得了良好的社会效益。

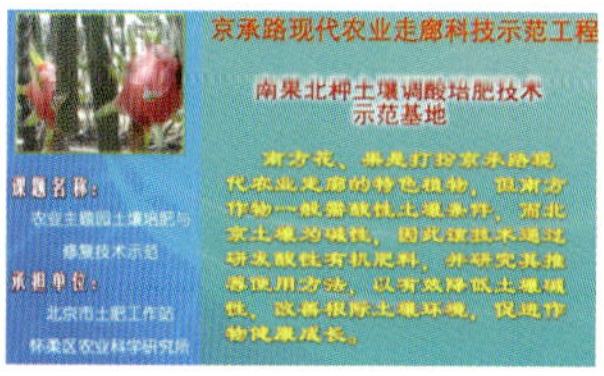

(一)蔬菜观光采摘主题园技术培训

1. 培养新型农民10人

通过全程参与建设，由过去简单的种植露地蔬菜，现在可独立完成并能指导周围新菜农开展温室蔬菜、草莓栽培生产，成为了有一技之长的新型农民。

2. 宣传

编写简报2期；利用网络、电视进行宣传，其中发布网络信息15次；市、区电视报道5次；并在《北京日报》和《北京青年报》等媒体报道6次；印制、发放了宣传材料1 600份，制作带有宣传信息的蔬菜包装箱3 500个，并通过观光采摘的游客扩大宣传。

3. 培训

培训13期，983人。

培训内容	次数	培训人数
农业观光园区设计	1	60
景观设计	1	60
观光蔬菜品种	1	60
观光园区文化创意	1	60
观光园区管理与运营	1	60
观光蔬菜长季节栽培技术	1	65
春、夏、秋、冬季实地观摩培训	7	618
合计	13	983

(二)瓜类观光采摘主题园技术培训

2年来我课题组在花园村“入棚”指导460次、提出管理意见300多条，组织观摩5次，开办培训班10期。周边的桥梓镇、怀柔镇、宝山镇有39人次进行了观摩学习并进行了瓜类观光和采摘园建设。

（三）怀柔花园村花卉产业技术培训

开办田间学校、技术培训班，聘请各界的专家进行现场讲授，从经营管理、植保技术、栽培技术、水肥管理等各个方面提高农户的水平，把花园村作为一个花卉生产田间学校的开课中心，不仅提高了本村的水平，也同时带动周边花卉产业的发展。

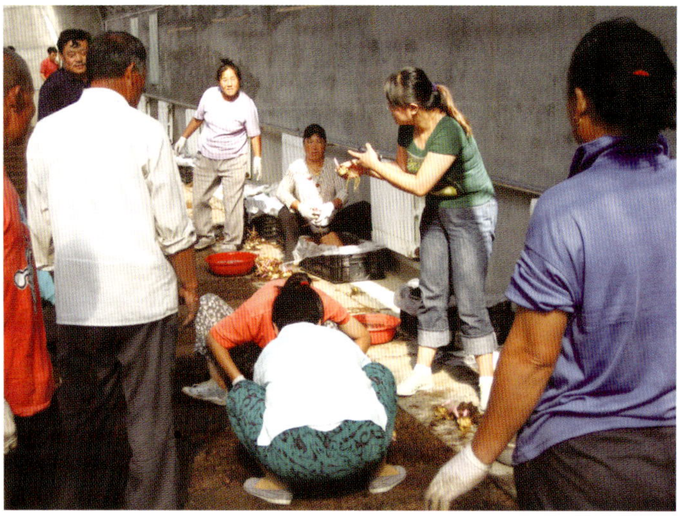

通过发放技术材料和媒体宣传，对项目技术内容进行全面推广

（四）农林牧耦合景观休闲技术培训

中日专家交流

中日专家指导

应我课题组的邀请，日本畜产草地研究所专家一行三人专程来华，于2009年5月12日进行了学术报告与友好研讨。

日本专家参观了位于怀柔的绿神鹿业观光园区，肯定了我课题组研究任务的意义与取得的成果，并对我课题承担的家畜粪便循环利用内容的实施给予指导。

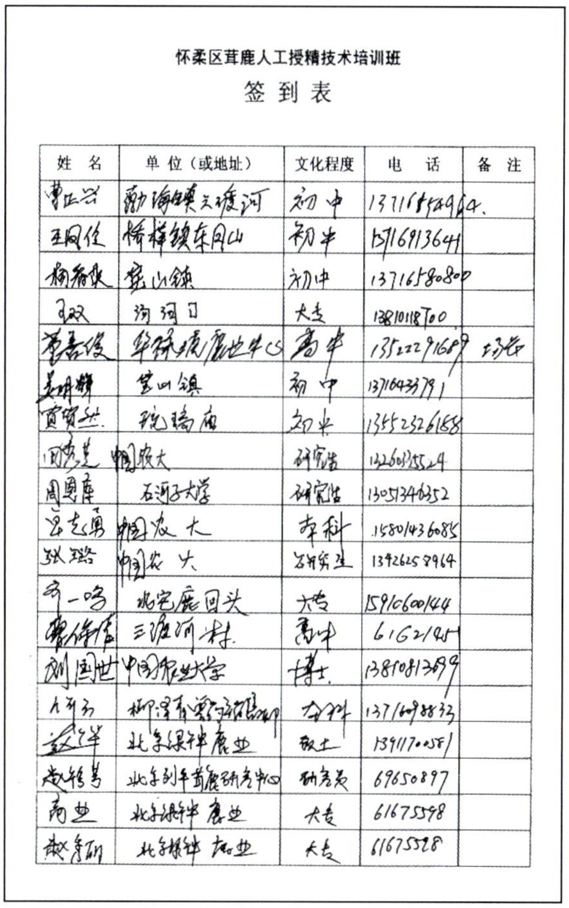

怀柔区茸鹿人工授精技术培训班

签到表

姓名	单位（或地址）	文化程度	电话	备注
曹正岩	渤海镇六渡河	初中	13716854964	
王凤仕	桥梓镇东凤山	初中	13716913641	
柳希秋	宝山镇	初中	13716580800	
王双	汤河口	大专	13810118700	
董香俊	华绿康鹿业中心	高中	13522291689	场长
姜明辉	宝山镇	初中	13716433791	
贾贺然	琉璃庙	初中	13552326188	
田秀芝	中国农大	研究生	13260135524	
周恩库	石河子大学	研究生	13051340352	
吴志勇	中国农大	本科	15801436085	
张璐	中国农大	研究生	13426258964	
齐一鸣	北宅鹿回头	大专	15910600144	
曹保库	三渡河村	高中	61621951	
刘国世	中国农业大学	博士	13810813699	
[illegible]	柳沟[illegible]	本科	13716988833	
赵[illegible]华	北京绿神鹿业	硕士	13911700581	
赵裕芳	北京列车茸鹿研究中心	研究员	69650897	
高丽	北京绿神鹿业	大专	61675598	
[illegible]	北京绿神鹿业	大专	61675528	

(五)观赏鱼品质改良技术示范推广技术培训

本课题组总结形成了《锦鲤优质苗种人工选育技术》、《金鱼优质苗种人工选育技术》、《锦鲤人工繁殖技术》和《宫廷金鱼庭院养殖技术》各一份。在项目的实施过程中共举办室内培训和现场观摩会8期，培养技术人员550人次，发放资料4 000份。

为了增加宣传效果，建立观赏鱼展示基地，分别在顺义和朝阳建立了以观赏鱼展示及文化宣传为主的主题文化园，获得了参观者非常高的评价。

为美化首都建设，增加观赏景观，净化、美化水体，在公园进行了增殖放流活动。

(六) 农业主题园土壤培肥与修复技术培训

设立技术展板

在四大示范基地制作了技术展示牌，向周边农户宣传推广。

发布动态信息

网络：制作10多次网络新闻信息，在中国肥料信息网、北京市农委、市农业局网站、北京市土肥信息网、北京市农业技术推广网、密云农业技术推广网发布；

电视：在密云广播电视台科技信息之窗栏目等发布宣传；

发表技术论文期刊报道1篇，在京郊日报发表技术文章2篇。

开展观摩培训

联合植保站、怀柔农科所、种植业信息中心和密云农技推广站等单位，分别组织50余名农民田间学校学员到示范基地现场观摩学习连作障碍土壤修复技术，发送大量的技术宣传手册。

制作技术光盘：制作发放技术数字动画演示光盘2集。

(七)测土配方施肥技术培训

结合农科所开办的各类田间学校开展对农民技术指导与入户培训工作。开办农民田间学校3所，参与学员120人。组织科技赶集26次，入户指导513人次，累计宣传培训农民5 870人次，发放宣传资料2.1万份。

施肥结构趋于合理，实现氮磷钾平衡供应，减少了肥料过量投入，一定程度上减轻了过量施肥对环境的污染，保护了生态环境。 同时节约了成本，提高了化肥利用率。

(八)农业主题园有机废弃物循环利用技术培训

在昌平区土沟村京承碧园设施园区组织召开了臭氧处理与常温烟雾施药技术现场培训会，来自全市臭氧消毒与烟雾防治蔬菜病虫产业化防治合作社、臭氧垃圾处理站示范基地的80余名技术人员参加了培训，发放技术手册80余份。

为规范废弃物臭氧处理技术，起草了《农业生产垃圾臭氧处理技术规范》。

（九）芦笋病虫害绿色防治技术培训

两年来共发放芦笋病虫害防治宣传培训资料2 000余份，指导培训农民2 000余人次。开办芦笋农民田间学校2所，召开6次交流及总结会。建立16个病虫害监测点，其中8个露地病虫害监测点，8个棚室监测点。包括在病虫害发生关键时期每天普查，对芦笋茎枯病和十四点负泥虫、甜菜夜蛾进行系统监测。全年共印发简报12期600余份，预报准确率达95%以上。

2008-2009年农民田间学校情况

上课地点	期数	培训次数	学员人数	培训内容
密云	第一期	12	25～30	芦笋茎枯病综合防治技术等12个方面
	第二期	12	30～32	芦笋越冬期管理等12个方面
延庆	第一期	12	30～35	茎枯病的发生与防治等12个方面
	第二期	7	27～30	芦笋生产过程中存在的主要问题等12个方面

附录一　技术标准和技术规程

各子项目的实施过程中，总结各项技术集成示范，形成了27项技术标准或技术规程，为生产发展提供了依据和指导。具体内容如下：

都市型现代农业走廊标准
都市农业田园景观建设标准和技术规程
茸鹿人工授精技术规范（已立项地方标准）
梅花鹿胚胎移植技术规程（已立项地方标准）
锦鲤人工繁殖技术操作规程
宫廷金鱼苗种培育和选育技术操作规程
宫廷金鱼品质改良技术
酸性有机肥施用技术规程
沙性贫瘠土壤培肥改良技术规程
连作障碍土壤修复培肥技术规程
果园生物覆盖培肥技术规程
番茄品种的选择与生长发育控制技术规程
水培蔬菜综合环境的管理与调控技术规程
农业生产垃圾臭氧处理技术规程
拟长矛钝绥螨田间应用技术规程
露地蔬菜害虫生物控制技术规程
松毛虫赤眼蜂田间应用技术规程
瓢虫田间应用技术规程
保护地蔬菜害虫生物防治技术规程

附录二　专利

项目已申请专利4项，正在申报专利3项；

项目共发表论文30篇。

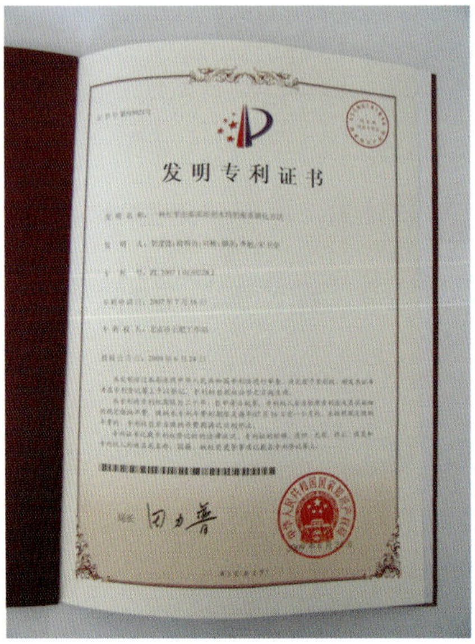

申请4项专利，分别是：

番茄树式栽培营养生长与生殖生长的调控方法（200810103208.0）

一种防止根系腐烂和叶片黄化的番茄树式栽培方法（200810103207.6）

一种西番莲树式营养液栽培方法（200810103206.1）

农业垃圾臭氧无害化处理技术和装置（ZL200620116267.8）

正在申报国家专利3项：

一种能够提高卵母细胞体外成熟和胚胎体外发育的方法

蔬菜树式栽培的日光温室结构及栽培方法（申请号：200910235256.5）

蔬菜迷宫及其制造方法（申请号：200910235264.4）

附录三　发表文章

(1) 王树忠, 王忠义, 李仁崑. 京承高速公路都市型现代农业走廊建设成效显著. 北京农业, 2009, (30): 1-3.

(2) 宇振荣. 都市多功能农业走廊景观特征需求和建设模式研究. 孟兆祯、陈晓丽. 中国风景园林学会2009年会论文集. 中国北京: 中国建筑工业出版社, 2009.

(3) 北京旅游农业新亮点玉米迷宫. 北京农业, 2007, (22): 3-4

(4) 张晓彤, 宇振荣, 王晓军, 张晶, 任斌斌. 场景可视化在乡村景观评价中的应用. 生态学报, 2010, (07): 1699-1705.

(5) 潘影, 肖禾, 宇振荣. 北京市农业景观生态与美学质量空间评价. 应用生态学报, 2009, (10): 2455-2460.

(6) 宇振荣都市多功能农业走廊景观特征需求和建设模式研究. 孟兆祯、陈晓丽. 中国风景园林学会2009年会论文集. 中国北京: 中国建筑工业出版社, 2009.

(7) 王忠义, 聂青, 李仁昆, 张晶, 宇振荣. 京郊"玉米迷宫"旅游农业开发的SWOT分析与对策研究. 生态经济, 2009, (08): 128-131.

(8) 张晓彤, 宇振荣, 王晓军. 京承高速公路沿线农民对多功能农业不同需求的研究. 中国生态农业学报, 2009, (04): 782-788.

(9) 曹华. 番茄中的极品——黑珍珠. 蔬菜, 2010, (05): 15-17+6.

(10) 曹华, 陈怀勐, 王揽月. 水果型苤蓝的栽培技术. 中国蔬菜, 2008, (04): 45-46.

(11) 曹华, 赵景文, 徐进, 韩亚钦. 日光温室观光蔬菜树式栽培技术. 中国蔬菜, 2010, (11): 42-44.

(12) 史建民, 李红玲, 史文清, 张洪海, 刘国世. 外源褪黑激素对昆明白鼠生长和繁殖性能的影响. 中国畜牧杂志, 2008, (21): 16-20.

(13) 田秀芝, 陈连国, 刘志平, 孔庆松, 刘国世. 褪黑激素定量生物检测方法的初步研究. 中国畜牧杂志, 2008, (23): 54-57.

(14) 冯全, 邵新庆, 王赟文. 基于BP网络的典型草原群落自然演替预测模型研究. 草地学报, 2008, (03): 251-255.

(15) 贾蕴琪, 曹致中, 王赟文, 孙洁峰, 何勇. 基于数字影像处理技术的结缕草秋季枯黄动态分析研究. 草业学报, 2009, (03): 94-102.

(16)孙向军,李铁梁,姜娜,马志宏,罗琳,何川,马立鸣,付饶,汤理思.天然增艳物质对池塘养殖锦鲤体色的影响研究.饲料工业,2010,(08):19-20.

(17)殷守仁.京郊观赏渔业的养殖现状与前景展望.北京农业,2009,(33):68-75.

(18)周真真,郑建秋,李健强.臭氧对蔬菜土传病原真菌的抑制作用.中国农业大学学报,2009,(06):56-60.

(19)曲明山,李玉峰,贺建德,宋卫堂.断根对红掌静水培的影响.华北农学报,2009,(S2):105-108.

(20)曲明山,贺建德,刘彬.番茄“树”营养液栽培技术研究.北京农业,2007,(30):25-28.

(21)赵永志,王胜涛.北京都市型现代农业发展与耕地土壤资源可持续利用对策探讨.土壤资源持续利用和生态环境安全——中国土壤学会第十一届二次理事扩大会议暨学术会议论文集.中国广东广州,2009.

(22)朱士恩,云鹏,刘国世.史文清*,王梁*,高超,田秀芝.梅花鹿胚胎移植相关技术的研究. 中国畜牧杂志,2009

(23)王梁*,史文清*,云鹏,刘国世.塔里木马鹿冻精解冻后精子超微结构的研究报告.中国畜牧杂志,2009.

(24)邵新庆,石永红,韩建国.典型草原自然恢复演替过程中土壤理化性质的动态变化.草地学报,2008.

(25)刘贵河,汪诗平,张英俊.链烷技术估测典型草原放牧牛食性食量的方法研究. 草地学报,2009.

(26)京承路旁建起现代农业观光走廊.北京农业,2007,(18):38.

(27)石建红.设施菜田连作障碍土壤改良培肥技术的研究 .中国园艺文摘2009,6.

附录四 媒体宣传——报纸

部分中央级、省级报纸和网站等媒体对“京承都市型现代农业走廊建设技术集成示范推广”进行的报道摘录

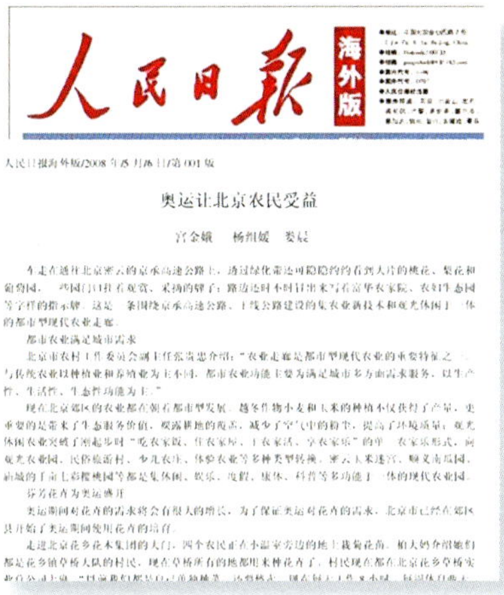

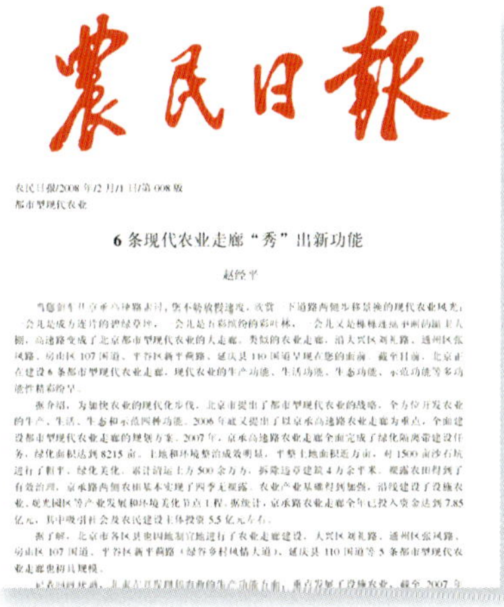

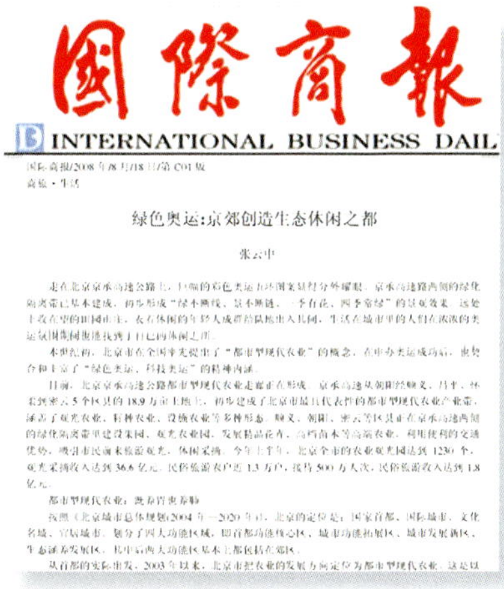

附录五　媒体宣传——电视与网络

CCTV-7

北京电视台

中央电视台

中国新闻网

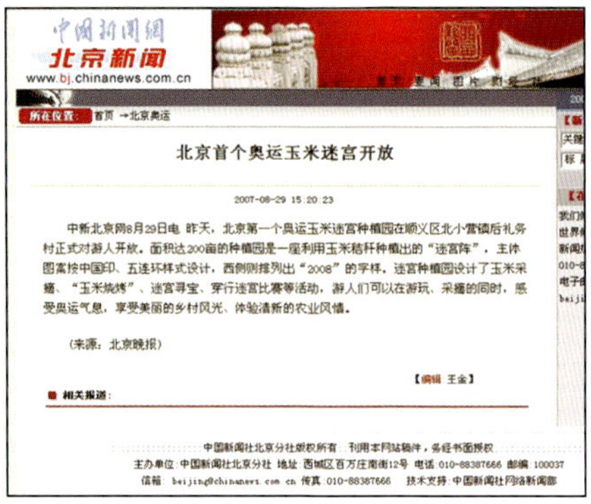

新浪

中国农业信息网

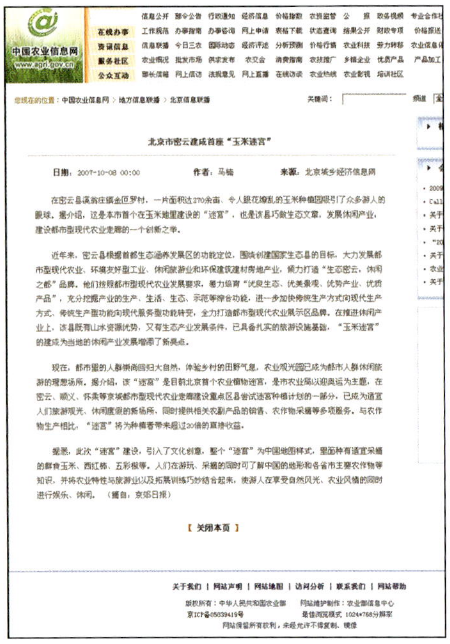

网易

三农在线

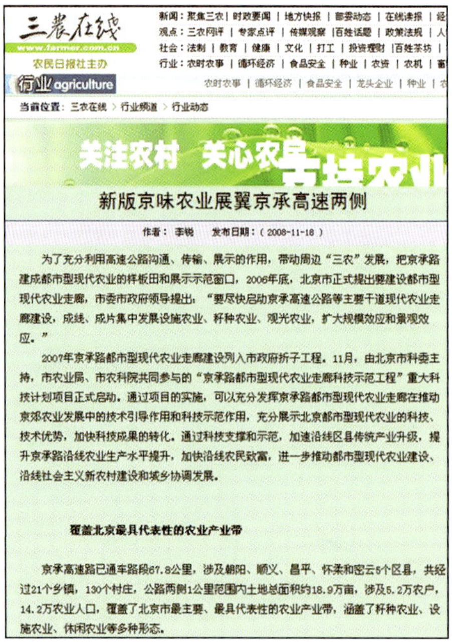